태도를 변화시키는 진정한 공감의 기술

인정을 해줬을 뿐인데
사람이 달라졌다

제이한(J.Han) 지음

태도를 변화시키는 진정한 공감의 기술

인정을 해줬을 뿐인데 사람이 달라졌다

제이한(J.Han) 지음

말 한마디로
관계를 바꾼
화제의 책

마음을 얻고
태도를 바꾸는
공감의 기술

'인정'은 행동을
변화시키는
가장 좋은
도구다

리프레시

사람들이 사랑과 돈보다
더 바라는 두 가지가 있다.
그것은 바로 인정과 칭찬 한 마디다.

- Mary Kay Ash -

목 차

1부

인정의 심리학 – **인정이 중요한 이유**

2부

인정의 기술 – **인정을 표현하는 방법**

3부

인정이 만든 변화 - **놀라운 변화들**

4부

인정의 장점과 한계 - **균형을 맞추다**

상황별 인정법 – **실천을 위한 가이드**

맺으며

**인정은 특별한 기술이 필요하지 않습니다.
하지만 그 효과는 깊고 오래갑니다.**

세상에서 가장 단순해 보이는 행동이 때로는 가장 강력한 변화를 만들어낼 수 있습니다. 그 중에서도 '인정'은 상대방의 마음을 열고 행동을 변화시키는 가장 효과적인 도구입니다. 이 책에서 다루고자 하는 인정은 단순한 칭찬이나 격려를 넘어, 상대방의 가치를 존중하고 진심으로 받아들이는 행위를 의미합니다.

우리는 흔히 인정이 사람들에게 긍정적인 영향을 미친다는 사실을 알면서도, 그 힘을 과소평가하는 경우가 많습니다. 사소해 보이는 말 한마디나 작은 제스처가 상대방에게는 예상치 못한 위로와 힘을 줄 수 있습니다. 직장에서의 간단한 *"네가 없었더라면 이 일이 이렇게 잘되지 않았을 거야"* 라는 말은 동료의 사기를 높이고, 앞으로 더 큰 기여를 하도록 동기를 부여할 수 있습니다.

인정은 단순히 상대방의 기분을 좋게 만드는 데 그치지 않습니다. 그것은 인간 관계를 강화하고, 신뢰를 쌓으며, 갈등을 해결하는 데 중요한 역할을 합니다. 인정은 또한 우리 자신에게도 긍정적인 변화를 가져옵니다. 다른 사람을 인정하는 과정에서 우리는 스스로의 관점이 넓어지고, 관계에서 더 많은 배움을 얻을 수 있습니다.

이 책은 바로 이런 인정의 힘을 통해 우리의 삶을 더 나은 방향으로 이끌어 가는 방법을 탐구합니다. 독자가 이 책을 읽으며 단순한 칭찬의 의미를 넘어서, 진정한 인정의 가치와 그것이 불러오는 변화를 직접 체험할 수 있기를 바랍니다. 이 작은 행동이 얼마나 큰 결과를 만들어내는지 이해하고, 이를 실천할 수 있다면, 당신의 삶과 주변 사람들의 삶에 놀라운 변화가 찾아올 것입니다.

진심으로 인정받았을 때

　아마도 우리는 바쁜 일상 속에서 누군가로부터 진심 어린 인정을 받았던 순간을 잊고 지내기 쉽습니다. 하지만 곰곰이 떠올려보세요. 언제였나요? 누군가가 당신의 노력을 진심으로 알아주고, 그것을 말로 표현해주었던 그 순간을요. 그 순간 당신의 마음은 어땠나요?

　예를 들어, 업무에 치여 힘들던 날, 동료나 상사로부터 "이 프로젝트는 당신 덕분에 성공적으로 끝난 것 같아요" 라는 말을 들었던 적이 있나요? 또는 가족 중 한 명이 "항상 우리를 위해 애쓰는 모습이 정말 고마워" 라고 말해줬던 기억이 떠오르나요? 그 짧은 한마디가 당신에게 어떤 위로와 에너지를 줬는지 떠올려 보세요. 인정받았던 순간의 기쁨은 단순한 감정적 반응을 넘어, 당신의 삶에 긍정적인 흔적을 남깁니다.

　우리는 이런 인정의 순간을 통해 자신이 가치 있는 존재라는 사실을 깨닫고, 앞으로 나아갈 힘을 얻습니다. 이 책은 바로 그러한 작은 인정의 중요성과 힘을 강조하며, 당신이 주변 사람들에게 인정의 메시지를 전하는 사람이 되도록 돕고자 합니다.

1부

인정의 심리학

인정이 중요한 이유

PART 1

인정은 인간의 본능이다

인정받고자 하는 욕구는 인간의 본능이며, 단순히 현대 사회에서 새롭게 형성된 것이 아닙니다. 인간은 본래 타인과 관계를 맺으며 살아가고, 그 과정에서 자신의 가치를 확인하려는 경향을 보입니다. 이러한 본능은 고대 사회에서도 중요한 역할을 했습니다. 부족 사회에서 공동체의 구성원으로 인정받는 것은 생존과 직결되었는데 무리에서 소외되거나 역할을 인정받지 못하면 생명을 유지하는 데 어려움을 겪었기 때문입니다. 따라서 협력하고 자신의 역할을 다하는 것은 단순한 소속감을 넘어, 공동체에서 살아남기 위한 필수적인 조건이었습니다.

▎인정이 만드는 관계와 성장

오늘날에도 이러한 본능은 다양한 관계 속에서 지속됩니다. 가정에서는 가족 구성원 간의 인정이 유대감을 형성하고, 직장에서는 업무 기여가 인정받을 때 동기부여가 높아집니다. 친구 관계에서도 상대방이 자신의 가치를 알아줄 때 신뢰가 강화됩니다. 인정은 단순히 기분을 좋게 하는 것이 아니라, 자아 가치감을 확립하고 사회적 유대감을 공고히 하는 중요한 요소입니다.

이러한 인정의 힘은 어린 시절부터 뚜렷하게 나타납니다. 아이들은 부모의 칭찬과 인정을 통해 자신의 행동을 조정하고 성장합니다. *"정말 잘했어"* 라는 한마디는 단순한 칭찬이 아니라, 아이가 자신의 노력을 긍정적으로 받아들이고 더 나은 방향으로 나아가도록 동기를 부여하는 역할을 합니다. 성인이 되어서도 마찬가지입니다. 직장에서 동료나 상사에게 인정받으면, 우리는 자신이 조직에 필요한 존재임을 깨닫고 더 나은 성과를 내기 위해 노력하게 됩니다.

인정받고자 하는 본능은 개인의 심리적 욕구를 넘어, 사회 발전과도 밀접하게 연결되어 있습니다. 서로를 인정하고 존중할 때 관계가 강화되고, 협력을 통해 더 큰 목표를 달성할 수 있습니다. 이는 가정과 직장, 사회 전반에 긍정적인 영향을 미치며, 궁극적으로 우리 모두가 더 나은 삶을 살아가도록 돕는 원동력이 됩니다. 그렇기에 인정의 의미를 이해하고 실천하는 것은 개인의 행복뿐만 아니라 공동체의 건강한 발전에도 필수적인 요소라 할 수 있습니다.

마슬로우의 욕구 이론

마슬로우의 욕구 이론은 인간의 동기를 단계적으로 설명하며, 각 단계가 충족될 때 다음 단계로 나아갈 수 있음을 보여줍니다. 이 이론에서 '인정'은 개인이 자아실현에 도달하는 과정에서 중요한 역할을 합니다.

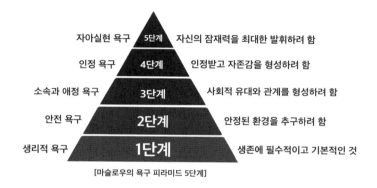

[마슬로우의 욕구 피라미드 5단계]

마슬로우의 5단계 욕구 피라미드에서 인정의 욕구는 네 번째 단계에 위치합니다. 이 단계에서는 타인으로부터의 존중과 스스로에 대한 긍정적 평가가 핵심 요소로 작용합니다.

인정의 욕구는 크게 두 가지 측면에서 나타납니다.

외부로부터의 인정: 타인의 칭찬과 존중을 통해 자존감을 높이는 과정입니다. 예를 들어, 직장에서 동료나 상사가 자신의 기여를 인정하고 격려할 때, 개인은 자신의 존재 가치를 실감하며 더 큰 동기를 갖게 됩니다.

내부적인 인정: 스스로 자신의 성취를 긍정적으로 평가하는 과정입니다. 외부의 인정이 부족하더라도 개인이 자신의 노력과 성취

를 인정할 수 있다면, 자존감을 유지하고 자기 효능감을 강화할 수 있습니다. 이 욕구가 충족되면, 사람은 최상위 단계인 자아실현 욕구로 나아가게 됩니다.

자아실현은 자신의 잠재력을 최대한 발휘하고, 삶의 목적을 찾으려는 단계입니다. 이 과정에서 인정은 촉매제 역할을 합니다. 사회적 인정을 받으면 자신감이 높아지고, 내부적인 인정이 강하면 목표를 달성하려는 동기가 강화됩니다. 반대로, 인정받지 못하는 경우 사람은 자존감이 낮아지고 동기를 잃게 됩니다. 직장에서 아무리 열심히 일해도 상사나 동료에게서 긍정적인 피드백을 받지 못한다면, 개인은 자신의 능력을 의심하게 되고 업무 몰입도가 떨어집니다.

이런 부정적인 경험이 반복되면 자아실현으로 나아가는 과정이 위축되고, 성장의 기회를 놓칠 가능성이 커집니다. 결국, 마슬로우의 이론은 인정이 단순한 감정적 만족이 아니라, 인간이 성장하고 발전하는 데 필수적인 요소임을 보여줍니다. 서로를 인정하고 존중하는 것은 개인의 행복을 넘어, 사회적 기여를 확대하는 중요한 행위입니다. 우리는 타인을 인정함으로써 그들의 가능성을 키우고, 동시에 더 나은 공동체를 만들어갈 수 있습니다.

▎ 인정받고 싶은 본능과 행동의 연결고리

인정받고자 하는 욕구는 단순한 심리적 위안을 넘어, 인간 행동의 강력한 동기를 형성합니다. 이 본능은 개인의 생존과 성장에 깊이 영향을 미치며, 고대부터 이어져 온 중요한 사회적 메커니즘 중 하나입니다.

고대 사회에서 인정은 개인이 공동체 내에서 중요한 역할을 수행하고 있음을 의미했습니다. 공동체에서 인정받는 것은 생존과 직결되었기 때문에, 인간은 타인의 인정을 받기 위해 행동을 조정하고 발전시키는 방향으로 진화해왔습니다. 이러한 본능은 현대 사회에서도 그대로 이어집니다.

직장에서 동료나 상사가 개인의 노력을 인정해줄 때, 사람들은 더 높은 성과를 내기 위해 동기를 부여받습니다. 이는 단순한 기분 좋은 경험을 넘어, 우리의 뇌에서 보상 시스템을 활성화시키는 역할을 합니다. 인정받을 때 분비되는 도파민은 긍정적인 행동을 강화하고, 우리는 이를 반복하려는 경향을 가지게 됩니다. 이러한 연결고리는 목표 달성 과정에서도 뚜렷하게 나타납니다.

목표를 위해 노력하는 사람이 자신의 성취를 인정받으면, 더 높은 목표에 도전할 자신감을 얻게 됩니다. 학생이 교사로부터 "정말 좋은 아이디어야. 계속 그렇게 연구해봐" 라는 말을 들으면, 그는 자신의 노력이 가치 있다고 느끼고 학습에 대한 동기가 더욱 강해집니다. 직장에서도 상사가 "이번 프로젝트에서 네 분석이 정말 큰 도움이 됐어" 라고 인정하면, 직원은 자신의 역량을 더 발전시키려는 의욕을 갖게 됩니다.

반대로, 인정받지 못하는 환경에서는 행동의 동기가 급격히 감소할 수 있습니다. 아무리 노력해도 타인의 인정이나 보상을 받지 못하면, 사람들은 자신의 가치를 의심하고 무기력감을 느끼게 됩니다. 이는 직장 내 번아웃, 관계의 단절, 심리적 위축과 같은 부정적인 결과로 이어질 수 있습니다.

인정받고자 하는 본능과 행동의 연결고리를 이해하는 것은 개인의 성장뿐만 아니라 건강한 관계 형성을 위해서도 필수적입니다. 부모, 교사, 상사 등 타인의 행동에 영향을 줄 수 있는 사람들은 이 메커니즘을 활용하여 긍정적인 환경을 조성할 수 있습니다. 단순한 칭찬이나 인정의 표현이 상대방의 동기를 강화하고, 행동의 방향을 결정하는 강력한 요인이 될 수 있기 때문입니다. 인정은 단순히 행동을 변화시키는 도구가 아니라, 인간 관계를 더욱 풍요롭게 만들고, 개인의 잠재력을 끌어올리는 중요한 요소입니다.

인정은 인간의 본능이다

인정이 만드는 관계와 성장

인정은 생존과 소속감을 위한 인간의 기본 본능이다.

인정받으면 심리적 안정과 유대감이 강화된다.

긍정적 인정 경험은 동기부여와 사회적 연결을 촉진한다.

마슬로우의 욕구 이론과 인정

인정은 자아실현으로 가는 필수 단계다.

외부 인정과 내부 인정의 균형이 중요하다.

인정 부족은 자존감 저하와 성장 정체를 초래한다.

인정받고 싶은 본능과 행동

인정은 행동을 강화하고 지속시키는 강력한 동기다.

인정 시 도파민 분비로 긍정적 행동이 반복된다.

인정 부족은 무기력과 번아웃을 유발할 수 있다.

PART 2

칭찬과 인정, 무엇이 다를까?

'칭찬'과 '인정'은 모두 긍정적인 피드백을 전달하는 방식으로 보이지만, 그 본질과 효과에는 중요한 차이가 있습니다. 칭찬은 주로 특정한 행동이나 성과에 초점을 맞추어, 결과를 보고 즉각적으로 *"정말 대단해!"* 와 같은 말을 건네는 형태가 많습니다. 이러한 칭찬은 순간적인 만족감과 기쁨을 줄 수 있지만, 자칫 단기적인 동기 부여에 그칠 가능성이 큽니다.

반면, 인정은 상대방의 본질적인 가치와 노력에 주목합니다. 단순히 어떤 결과가 좋았다는 사실을 칭찬하기보다, 그 사람이 그 결과에 이르기까지 기울인 노력과 과정을 세심히 살펴보고 진심 어린 공감을 전합니다. *"시험 준비를 정말 열심히 했던 게 느껴져. 네 노력이 인상적이야."* 라는 표현은 성과 자체보다는 과정을 존중하며, 상대방에게 깊은 감동과 자기 효능감을 심어줍니다.

진정한 격려는 어떻게 만들어지는가?

칭찬의 장점과 한계

칭찬은 즉각적인 긍정적 반응을 이끌어내고, 빠른 속도로 분위기를 북돋워줄 수 있습니다. *"정말 잘했어!"* 와 같은 말 한 마디는 상황을 금방 환기시킬 수 있습니다.

다만, 결과만 강조할 경우 상대방이 자신의 노력이 간과되었다고 느낄 수 있습니다. 특히 *"너는 정말 쉽게 해내는구나."* 와 같은 칭찬은 노력이 가벼워 보이거나, 진정성이 부족하다고 오해할 여지를 남길 수 있습니다. 또한, 지나친 칭찬은 일시적인 기쁨만 줄 뿐, 지속적인 동기 부여로 이어지기 어렵습니다.

인정이 주는 깊은 영향

인정의 핵심은 상대방이 무엇을 얼마나 잘해냈는지보다는, 그 과정을 어떻게 보냈고 어떤 생각과 에너지를 쏟았는지를 '함께' 이해하는 데 있습니다. *"이 작업을 하면서 많은 고민이 있었을 텐데, 차근차근 해결해 나간 모습이 인상적이었어."* 라는 말은 상대방의 감정과 과정을 존중함으로써 자존감을 높이고, 보다 건강한 관계를 형성하는 발판이 됩니다.

인정은 단순히 결과만을 평가하지 않기에, 상대방으로 하여금 스스로의 본질적 가치를 인식하게 도와줍니다. 이는 장기적으로 더욱 적극적이고 창의적인 성장을 이끌어 내며, 서로 간의 신뢰와 존중을 강화합니다.

상황에 따라 다를 수 있지만 대부분의 경우 칭찬과 인정을 모두 적절히 활용하는 것이 중요합니다. 상황에 따라 외적인 성과를 인정해주어 분위기를 밝게 해주는 것이 효과적일 때가 있고, 상대방의 내면적 노력이나 과정을 콕 집어 언급해 주어야 할 때가 있습니다. 특히 부모, 교사, 리더와 같이 사람들을 지도하고 격려해야 하는 위치에 있는 사람일수록, 칭찬을 남발하기보다 적절한 인정의 메시지를 전달하려는 태도가 필요합니다.

✔ 칭찬(결과)

"이번 발표 정말 멋졌어!"

즉각적인 긍정 에너지를 부여하지만, 상대방의 노력이 배제될 수 있음

✔ 인정(과정)

"발표 자료 준비할 때 다양한 자료를 조사해본 노력이 돋보였어. 그래서 훨씬 설득력이 있었어."

실제 노력과 과정을 존중하고, 상대방의 자존감을 높여줌

결국, 칭찬은 결과를 바라보는 수면 위의 시선, 인정은 물속 깊은 곳에 있는 노력과 본질적 가치를 발견하는 시선이라고 할 수 있습니다. 이 차이를 이해하고 상대방에게 의미 있게 전할 수 있을 때, 우리는 단순한 격려를 넘어 상대방의 지속적인 성장과 긍정적 자기인식을 돕는 진정한 소통을 실현할 수 있습니다.

| 인정의 3요소

인정은 단순한 칭찬을 넘어, 상대방의 가치를 깊이 이해하고 전달하는 중요한 행위입니다. 효과적인 인정이 되기 위해서는 진심, 구체성, 공감이라는 세 가지 요소가 조화를 이루어야 합니다. 이 세 가지가 적절히 포함될 때, 인정은 단순한 피드백이 아니라 상대방의 마음을 움직이고, 지속적인 동기 부여로 이어질 수 있습니다.

진심

진심은 인정의 핵심 요소입니다. 진심 없는 인정은 형식적인 말에 그칠 가능성이 높으며, 오히려 듣는 사람에게 부정적인 인상을 남길 수도 있습니다. 단순히 *"잘했어."* 라고 말하는 것보다, 상대방의 노력과 가치를 진심으로 이해하고 표현하는 것이 중요합니다. *"네 세심한 준비가 이 프로젝트를 성공적으로 이끈 결정적인 요인이었어. 네 덕분에 훨씬 수월하게 진행될 수 있었어."* 라는 말은 단순한 칭찬을 넘어, 상대방이 자신의 기여를 인정받았다는 확신을 갖게 합니다. 진심을 담아 인정하기 위해서는 말하는 순간 상대방에게 집중하는 태도가 필요합니다. 상대방의 노력을 피상적으로 평가하는 것이 아니라, 있는 그대로 받아들이고 존중하는 태도를 보일 때, 인정의 진정성이 상대방에게 전달됩니다.

구체성

구체성은 인정의 효과를 높이는 또 다른 중요한 요소입니다. 막연한 표현은 상대방이 정확히 무엇을 인정받았는지 명확하게 인식하기 어렵게 만듭니다. *"정말 멋졌어."* 라는 말보다는 *"오늘 회의에서 네 의견이 핵심을 잘 짚어줬어. 덕분에 방향이 명확해졌어."* 라고 말하는 것이 더 효과적입니다. 구체적인 피드백은 듣는 사람이 자신의 어떤 점이 가치 있는지를 분명히 알게 해줍니다. 이는 자존감을 높이는 동시에, 긍정적인 행동을 지속할 동기를 부여하는 역할을 합니다. 따라서 인정의 순간에는 상대방이 기울인 노력과 성과를 구체적으로 짚어주는 것이 중요합니다.

공감

공감은 인정의 감정적 깊이를 더하는 요소입니다. 상대방이 겪었을 감정이나 어려움을 이해하고 표현할 때, 인정은 더욱 의미 있는 메시지가 됩니다. *"이 작업을 마무리하느라 정말 힘들었을 텐데, 끝까지 책임감 있게 해내는 모습이 인상적이었어."* 라는 말은 단순한 성과 평가를 넘어 상대방의 감정을 존중하는 태도를 보여줍니다. 공감이 담긴 인정은 특히 어려운 상황에서 더욱 큰 효과를 발휘합니다. 상대방의 노력이 단순한 결과를 위한 것이 아니라, 감정적인 과정 속에서 이루어진 것임을 이해할 때, 그 인정은 더욱 깊은 신뢰로 이어질 수 있습니다.

진심, 구체성, 공감이 결합된 인정은 단순한 칭찬을 넘어, 상대방이 자신의 가치를 확신하고 긍정적인 행동을 지속하도록 돕습니다. *"네가 맡은 역할을 완벽하게 소화해냈어. 세부적인 부분까지 신경 써서 준비*

한 게 느껴졌고, 덕분에 팀 전체가 훨씬 수월하게 진행할 수 있었어." 라는 말처럼, 상대방의 기여와 노력을 구체적으로 짚어주고 감정을 공유하는 표현은 진정한 인정의 힘을 발휘합니다. 의미 있는 인정을 실천하기 위해서는 이 세 가지 요소를 항상 염두에 두고, 상대방의 상황과 행동을 세심하게 관찰하며 진심 어린 표현을 하는 것이 중요합니다. 이를 통해 우리는 단순한 격려를 넘어, 상대방에게 진정한 가치를 전달하고 신뢰를 쌓을 수 있을 것입니다.

| 인정의 3가지 요소

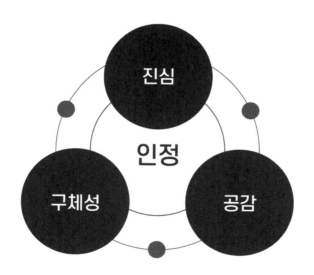

칭찬과 인정, 무엇이 다를까?

진정한 격려는 어떻게 만들어지는가?

칭찬은 결과 중심, 인정은 과정과 본질을 존중한다.

칭찬은 즉각적 만족, 인정은 장기적 신뢰와 성장을 이끈다.

과도한 칭찬은 부담, 인정은 자존감과 효능감을 높인다.

칭찬은 평가, 인정은 진심 어린 공감과 깊은 이해를 포함한다.

인정의 3요소: 진심, 구체성, 공감

진심: 상대가 진정성을 느껴야 한다.

구체성: 인정받은 내용을 명확히 하면 동기가 강화된다.

공감: 감정과 노력을 이해하면 신뢰와 긍정적 관계가 형성된다.

세 요소가 결합하면 지속적 성장과 긍정적 행동을 유도한다.

PART 3

인정이 불러오는 변화의 과학

인정은 단순히 인간관계를 원활하게 하는 역할을 넘어, 신경학적·심리적 변화를 유도하는 강력한 힘을 가지고 있습니다. 과학적 연구에 따르면, 인정은 뇌의 신경전달물질 분비를 활성화하며, 이를 통해 개인의 동기 부여와 사회적 유대감을 강화하는 데 기여합니다. 이러한 변화는 도파민, 옥시토신 같은 신경전달물질과 관련이 있으며, 스트레스 완화와 감정 안정에도 긍정적인 영향을 미칩니다.

| 인정이 만드는 심리적·생물학적 변화

도파민과 긍정적 행동 강화

누군가로부터 진심 어린 인정을 받을 때, 우리의 뇌는 도파민을 분비합니다. 도파민은 보상과 학습을 담당하는 신경전달물질로, 기분을 좋게 만들고 특정 행동을 반복하도록 유도하는 역할을 합니다. 직장에서 *"이번 프로젝트에서 네가 기여한 부분이 정말 중요했어. 덕분에 더 좋은 결과를 낼 수 있었어."* 라는 피드백을 받을 때, 뇌는 이 경험을 긍정적인 기억으로 저장하고, 비슷한 성취를 반복하려는 동기를 갖게 됩니다. 이를 긍정적 피드백 루프라고 하며, 개인의 성장과 지속적인 발전을 촉진하는 중요한 메커니즘입니다.

인정은 단순히 행동을 강화하는 것을 넘어, 개인의 자존감과 자기 효능감을 높이는 데에도 중요한 역할을 합니다. 자신의 노력이 의미 있고 가치 있다는 확신이 들 때, 사람들은 더 큰 목표를 설정하고 이를 달성하기 위해 노력합니다. 이는 단순한 성과를 넘어, 삶에 대한 태도와 도전 정신에도 영향을 미칩니다.

옥시토신과 신뢰의 강화

인정은 또한 '신뢰의 호르몬'이라고 불리는 옥시토신의 분비를 촉진합니다. 옥시토신은 사람들 간의 친밀감과 유대감을 높이는 역할을 하며, 인정받는 경험이 많을수록 관계의 안정성이 강화됩니다. 팀 내에서 *"네 의견 덕분에 회의가 더 원활하게 진행됐어."* 와 같은 인정이 자주 이루어질 때, 이는 단순히 업무 효율성을 높이는 것을 넘어 팀워크와 협력의 질을 향상시키는 데 기여합니다.

연구에 따르면, 인정받는 경험은 코르티솔(스트레스 호르몬) 수치를 감소시키는 효과도 가집니다. 이는 특히 긴장감이 높은 상황에서 중요한 역할을 합니다. 예를 들어, 갈등 상황에서 *"네가 얼마나*

고민했는지 이해해. 그런 상황에서도 이렇게 최선을 다해줘서 정말 고마워."
라는 말 한마디는 상대방의 긴장을 완화하고, 더 이성적으로 상황
을 받아들이게 만듭니다.

행동 변화와 사회적 유대 강화

인정은 개인의 심리적 변화뿐만 아니라, 구체적인 행동 변화를
이끌어냅니다. 아이가 부모나 교사로부터 *"네가 예전에 비해 정말 많이
성장했어."* 라는 말을 들을 때, 더 발전하려는 동기가 생깁니다. 성인
의 경우에도 인정은 책임감을 높이고, 자신뿐만 아니라 타인을 위
한 긍정적인 행동을 유도하는 역할을 합니다.

이러한 변화는 단순한 개인 차원을 넘어, 신뢰와 협력이라는 사
회적 가치로 확장됩니다. 궁극적으로, 인정은 개인의 성장을 돕는
동시에 공동체의 발전에도 기여하는 중요한 요소가 됩니다.

인정은 단순한 말 한마디를 넘어, 인간의 신경학적·심리적 메커
니즘에 깊은 영향을 미칩니다. 도파민이 동기를 강화하고, 옥시토
신이 신뢰를 형성하며, 스트레스가 감소하는 과정은 모두 과학적으
로 증명된 현상입니다. 이러한 원리를 이해하면, 인정이 단순한 격
려 이상의 강력한 도구임을 알 수 있습니다. 인정은 개인의 성장과
사회적 관계를 강화하는 데 필수적인 요소이며, 이를 실천하는 것
은 더 건강한 공동체를 만드는 중요한 출발점이 될 것입니다.

도파민과 뇌의 보상 체계

도파민은 인간의 동기를 형성하고 학습과 보상을 조절하는 중요한 신경전달 물질입니다. 특히, 뇌의 보상 체계에서 핵심적인 역할을 하며, 긍정적인 경험을 강화하여 특정 행동을 반복하도록 유도합니다. 인정은 이러한 보상 체계를 활성화함으로써, 개인이 긍정적인 행동을 지속할 수 있도록 돕는 강력한 요소가 됩니다.

인정을 받을 때, 뇌는 도파민을 분비하여 보상 경험을 강화합니다. "이 프로젝트에서 네 역할이 결정적이었어. 덕분에 좋은 결과를 낼 수 있었어." 라는 말을 들으면, 뇌는 이를 긍정적인 경험으로 저장하고, 비슷한 상황에서 동일한 행동을 반복하려는 경향을 보입니다. 도파민은 뇌의 복측 피개부(VTA)와 측좌핵(NAcc)을 활성화하여, 보상과 동기 부여를 담당하는 신경 네트워크를 더욱 강화합니다. 이 과정은 단순한 순간적인 만족감에 그치는 것이 아니라, 장기적인 행동 변화를 유도하는 중요한 기제로 작용합니다.

도파민의 역할은 기분을 좋게 하는 데서 끝나지 않습니다. 도파민이 충분히 분비될수록 사람들은 자신의 행동에 대한 확신을 가지게 되고, 더 높은 성과를 이루기 위해 노력하는 동기를 얻게 됩니다. 직장에서 인정을 자주 받는 직원은 자신이 조직에 기여하고 있다는 확신을 가지며, 업무 몰입도가 높아지고 조직에 대한 소속감이 강화됩니다. 이는 개인의 심리적 안정뿐만 아니라, 장기적인 성장과 만족감으로 이어질 수 있습니다.

인정받지 못하는 환경에서는 도파민 시스템이 제대로 작동하지 않아 동기와 성취감이 저하될 수 있습니다. 지속적으로 노력해도 아무런 인정이나 피드백을 받지 못하면, 사람들은 점차 자신의 행동에 대한 의미를 찾기 어려워지고 무기력감을 느끼게 됩니다. 이러한 상태가 장기화되면 자존감이 낮아지고, 조직이나 공동체에 대한 소속감 또한 약화될 수 있습니다. 도파민과 뇌의 보상 체계는 인정이 단순한 말 이상의 의미를 가진다는 과학적 근거를 제공합니다. 신경과학적 관점에서 볼 때, 인정은 사람들의 행동을 긍정적으로 변화시키고, 더 나아가 조직과 공동체의 활력을 유지하는 데 필수적인 역할을 합니다. 이러한 원리를 이해하고 실천한다면, 우리는 단순한 칭찬을 넘어 상대방에게 더 깊은 영향을 줄 수 있는 의미 있는 인정을 할 수 있을 것입니다.

| 인정이 자신감으로 이어지는 거울 효과

거울 효과는 타인의 반응을 통해 자신을 인식하고 평가하는 과정을 의미합니다. 인간은 본능적으로 타인의 피드백을 바탕으로 자신의 가치를 확인하며, 이를 통해 자신감을 형성합니다. 특히 긍정적인 인정과 격려를 받을 때 이 효과는 더욱 강력하게 작용하며, 개인의 자존감과 동기 부여에 중요한 영향을 미칩니다.

거울 효과는 사회심리학에서 자주 언급되는 개념으로, 우리가 타인의 반응을 거울처럼 반영하여 스스로를 인식하는 메커니즘을 설명합니다. 예를 들어, *"이번 과정에서 네 세심함이 돋보였어. 덕분에 마무리가 훨씬 원활했어."* 라는 말을 들으면, 우리는 자신의 기여와 가치를 타인의 시선을 통해 다시 한번 확인하게 됩니다. 이는 단순한 만족 감을 넘어 자신이 긍정적인 영향을 미칠 수 있는 존재라는 확신을 강화하는 역할을 합니다.

이 과정은 어린 시절부터 시작됩니다. 부모나 교사의 인정과 격려를 받은 아이는 자신의 행동이 올바르며 의미 있다고 인식하면서 점점 더 자신감을 형성하게 됩니다. 성인이 되어서도 이러한 과정은 지속되며, 직장이나 사회적 관계에서 받는 인정은 개인의 자기 평가와 행동 방식에 깊은 영향을 미칩니다.

거울 효과는 단순한 심리적 반응이 아니라, 뇌의 보상 시스템을 활성화하는 과정과도 연결됩니다. 인정받을 때 우리의 뇌는 도파민을 분비하며, 이는 긍정적인 감정을 촉진하고 자신감을 높이는 데 기여합니다. 또한, 타인의 피드백은 자신의 역량을 보다 객관적으로 평가할 기회를 제공하며, *"이런 방식으로 접근하니 정말 효과적이었어. 앞으로도 이런 접근이 큰 도움이 될 것 같아."* 와 같은 말은 자기 효능감을 강화하는 역할을 합니다.

예를 들어, 중요한 보고를 마친 후 동료들이 *"내용이 체계적이어서 이해하기 쉬웠어. 덕분에 논의가 효과적으로 진행됐어."* 라고 피드백을 준다면, 우리는 자신의 능력에 대해 더욱 확신을 가지게 됩니다. 이러한 경험이 반복되면, 앞으로 더 높은 목표에 도전하려는 동기가 형성되고, 점진적인 자기 성장으로 이어질 가능성이 커집니다.

반대로, 부정적인 피드백이나 무관심은 거울 효과를 반대로 작용하게 만듭니다. 자신이 기울인 노력에 대해 적절한 인정이나 피드백을 받지 못하면, 개인은 점점 자신감을 잃고, 행동의 동기도 약해질 수 있습니다. 특히, 지속적인 무시나 인정의 부재는 자존감 저하와 사회적 관계의 소원함을 초래할 가능성이 높습니다.

따라서, 긍정적인 거울 효과를 적극적으로 활용하기 위해서는 상대방의 가치를 존중하고, 진심 어린 인정을 표현하는 것이 중요합니다. 이는 단순히 좋은 기분을 주는 것을 넘어, 상대방이 자신의 능력과 가치를 확신하도록 돕는 강력한 심리적 촉진제가 됩니다.

거울 효과는 우리가 타인의 시선을 통해 자신을 바라보는 단순한 반응을 넘어, 심리적 성장과 행동 변화의 중요한 촉매제 역할을 합니다. 긍정적인 인정을 받을 때 자신감을 얻고, 이는 더 나은 성과와 발전으로 이어집니다. 이를 이해하고 실천한다면, 개인뿐만 아니라 사회 전체에도 긍정적인 변화를 가져올 수 있을 것입니다

인정이 불러오는 변화의 과학

인정이 만드는 심리적·생물학적 변화

인정은 도파민과 옥시토신 분비를 촉진한다.

도파민은 동기 부여, 옥시토신은 신뢰와 유대감을 강화한다.

인정받으면 스트레스가 줄고 심리적 안정이 높아진다

도파민과 뇌의 보상 체계

도파민은 긍정적 행동을 강화한다.

인정 시 도파민이 분비되어 동기가 상승한다.

인정 부족은 무기력과 소속감 저하를 초래한다.

인정이 자신감으로 이어지는 거울 효과

타인의 인정은 자신감과 자기 평가에 영향을 준다.

인정받으면 자기 효능감과 성장 동기가 높아진다.

무관심과 부정적 피드백은 자존감을 떨어뜨린다.

PART 4

인정받지 못할 때 생기는 부작용

인정받지 못하는 경험은 개인의 심리적, 정서적, 사회적 측면에서 부정적인 영향을 끼치게 됩니다. 인간은 타인에게 인정받고자 하는 욕구를 가지고 있으며, 이 욕구가 충족되지 않을 때 심리적 안정감이 깨지고, 자기 자신에 대한 부정적인 평가로 이어질 가능성이 높아집니다. 인정의 부재는 자신감 저하, 동기 상실, 관계 단절 등의 형태로 나타나며, 이는 장기적으로 개인의 삶의 질에 부정적인 영향을 미칠 수 있습니다.

| 인정의 부재가 초래하는 심리적·사회적 영향

누군가의 노력이 무시되거나 가치를 인정받지 못할 때, 사람들은 자신의 행동에 대한 의미를 의심하게 되며, 이는 자존감을 약화시키고, 더 나아가 사회적 역할 수행에도 소극적이게 만들 수 있습니다. 지속적으로 인정받지 못하는 환경에 놓이면, 사람들은 점점 자신을 가치 없는 존재로 인식하게 되고, 이는 결국 도전 의욕의 상실로 이어지게 됩니다.

또한, 인정의 부재는 신체적 건강에도 부정적인 영향을 미칩니다. 지속적인 무시와 평가 절하는 스트레스 호르몬인 코르티솔의 수치를 증가시키며, 이는 불안과 우울 증상을 유발할 가능성을 높입니다. 직장에서 성과를 내기 위해 노력했음에도 불구하고 상사나 동료가 이를 인정하지 않거나 피드백을 제공하지 않는다면, 직원은 자신의 기여를 무가치하게 느끼게 됩니다. 이러한 상태가 지속되면 업무에 대한 동기가 급격히 떨어지며, 결국 조직 전체의 생산성에도 부정적인 영향을 미칠 수 있습니다.

개인 간의 관계에서도 인정의 부족은 갈등을 야기할 수 있습니다. 부부 관계에서 상대방의 노력을 인정하지 않는다면, 상대는 점점 감정적으로 멀어질 가능성이 높아집니다. 한 사람이 가정에서 꾸준히 책임을 다하고 있음에도 불구하고 상대방이 이를 당연하게 여기거나 표현하지 않는다면, 관계의 균형이 무너지고 서운함과 불만이 쌓이게 됩니다.

아이들의 경우, 부모나 교사로부터 인정받지 못하는 경험이 반복되면, 자신이 사랑받지 못한다고 느끼거나, 자기 가치에 대한 확신이 흔들릴 수 있게 됩니다. 아이가 성취한 작은 발전을 부모가 무심코 지나친다면, 아이는 자신이 아무리 노력해도 변화를 만들어낼 수 없다고 생각하게 되며, 이로 인해 자존감이 약화되고 새로운 도전 자체를 꺼리는 태도를 보일 가능성이 높아집니다.

사회적 맥락에서도, 인정받지 못하는 사람은 고립감을 느끼고 관계에서 점차 멀어질 수 있습니다. 사람들은 일반적으로 자신을 존중해 주는 환경에서 안정감을 느끼지만, 지속적으로 무시당하거나 인정받지 못하면 사회적 소속감을 잃게 되고, 결국 관계 형성 자체를 회피하려는 경향을 보이게 됩니다. 이러한 악순환이 반복되면, 자기효능감이 점점 감소하여 더 이상 도전하려는 의지가 약해질 수 있습니다. 이는 단순히 개인의 발전을 저해하는 것을 넘어, 공동체의 역동성을 저하시키는 요인으로 작용할 수도 있습니다.

결국, 인정의 부재는 단순한 감정적 문제가 아니라, 심리적 건강과 사회적 관계 전반에 걸쳐 깊은 영향을 미치는 요소입니다. 이를 예방하기 위해서는 타인의 가치를 적극적으로 인정하고, 그들의 노력을 존중하는 태도를 갖추는 것이 중요합니다. 긍정적인 피드백과 작은 인정의 표현이 개인과 공동체에 미치는 영향이 크다는 점을 인식할 필요가 있습니다.

| 무시와 소외가 초래하는 심리적 상처

무시와 소외는 인간의 기본적인 소속감 욕구를 위협하며, 심리적 상처를 초래할 수 있습니다. 인간은 타인과 연결되기를 원하며, 사회적 관계 속에서 자신의 가치를 확인합니다. 하지만 이러한 욕구가 충족되지 않을 때, 고립감과 불안이 커지고, 심리적 안정이 무너질 위험이 높아지게 됩니다. 지속적인 무시와 소외는 개인에게 '나는 중요하지 않은 존재다'라는 메시지를 전달하며, 자존감 저하와 심리적 위축을 불러옵니다. 이 같은 경험이 반복되면, 사람들은 점차 스스로를 부정적으로 바라보게 되고, 타인과의 관계 형성에도 어려움을 겪게 됩니다.

무시당하거나 소외된 사람들은 심리적 고통을 신체적 통증과 유사한 방식으로 경험하게 됩니다. 연구에 따르면, 이러한 경험은 뇌의 전두엽대상피질(ACC, Anterior Cingulate Cortex)을 활성화시키며, 이는 실제 신체적 고통을 느낄 때와 같은 방식으로 작용합니다. 즉, 단순한 감정적인 불편함을 넘어서 신체적 스트레스 반응을 유발하고, 장기적으로 건강에도 부정적인 영향을 미칠 수 있게 됩니다. 예를 들어, 직장에서 의견을 무시당하거나 존재감을 인정받지 못하는 직원은 점차 소외감을 느끼고, 업무 몰입도가 저하되며, 심리적 불안과 우울감이 높아질 가능성이 커집니다.

또한, 무시와 소외는 사회적 관계를 단절시키는 악순환을 초래할 수 있으며 소외된 사람들은 점점 타인과의 관계를 회피하려는 경향을 보이고, 더욱 깊은 고립 상태로 이어집니다. 시간이 지날수록 '나는 사랑받을 가치가 없다'는 부정적인 믿음이 강화되며, 이는 대인관계뿐만 아니라 개인의 자기효능감에도 부정적인 영향을 미칠 수 있습니다. 특히, 이러한 경험이 어린 시절에 각인되면 성인이 되어서도 사회적 관계 형성에 어려움을 겪거나, 타인과의 신뢰를 쌓기 어려운 성향을 보일 가능성이 높아집니다.

무시와 소외는 단순한 감정적 불편함이 아니라, 인간의 기본적인 정서적 안정감을 위협하는 심각한 요소입니다. 이를 방치할 경우, 심리적 상처가 깊어지고 장기적으로 부정적인 영향을 남길 수 있습니다. 그렇기 때문에 우리는 주변 사람들에게 의식적으로 관심을 기울이고, 그들의 존재와 가치를 인정하는 태도를 가지는 것이 중요합니다. 때로는 작은 관심과 인정의 표현이 누군가에게는 깊은 상처를 예방하는 결정적인 요소가 될 수 있다는 사실을 항상 기억해야 합니다.

| 사례로 보는 부정적 결과와 교훈

무시와 소외가 개인과 공동체에 미치는 부정적인 영향을 명확히 이해하기 위해 몇 가지 사례를 살펴볼 필요가 있습니다. 이러한 사례들은 단순한 무관심이나 인정 부족이 얼마나 깊은 심리적 상처를 남기고, 개인의 삶과 공동체의 조화에 부정적인 영향을 미칠 수 있는지를 보여줍니다. 이를 통해 우리가 어떤 태도를 취해야 하는지에 대한 교훈을 얻을 수 있게 됩니다.

사례1. 직장에서 인정받지 못한 직원의 동기 상실

중소기업에서 근무하는 D는 프로젝트를 성공적으로 수행했지만, 상사로부터 아무런 피드백을 받지 못했습니다. 성과는 팀 전체의 공으로만 인정되었고, D의 기여는 언급조차 되지 않았습니다. 처음에는 단순한 실수일 거라고 생각했지만, 이후에도 자신의 노력이 평가받지 못하는 상황이 반복되자 점점 일에 대한 동기를 잃고 무기력감을 느끼게 되었습니다. 결국, 업무에 대한 열정이 사라지면서 생산성이 떨어졌고, 팀 내 협업 분위기에도 부정적인 영향을 미쳤습니다. 이 사례는 개인의 기여를 인정하지 않는 것이 조직 내 동기 저하와 팀워크 약화로 이어질 수 있음을 보여줍니다.

사례2. 가정 내 무관심이 초래한 소통 단절

고등학생 E는 부모에게 성적과 학업 성취에 대한 압박을 받으며 성장했지만, 자신이 좋아하는 활동이나 관심사에 대해서는 충분한 관심과 인정을 받지 못했습니다. 그림을 그리는 것을 좋아했던 E는 자신의 작품을 부모에게 보여주었지만, 부모는 이를 중요하게 여기지 않고 대수롭지 않게 넘겼습니다. 시간이 지나며 E는 자신의 노력과 성취가 무가치하다고 느끼게 되었고, 점점 부모와의 대화를 줄이며 감정을 표현하는 데 어려움을 겪게 되었습니다. 이 사례는 가정 내에서의 관심과 인정이 아이들의 정서적 안정과 자아 존중감 형성에 필수적임을 시사합니다.

사례3. 사회적 소외가 개인의 자존감에 미친 영향

지역 봉사활동에 새롭게 참여한 F는 처음부터 적극적으로 의견을 제시하며 활동에 기여하고자 했습니다. 그러나 기존 멤버들은 그의 의견을 무시하거나 대화를 피하는 태도를 보였고, F는 점점 위축되어 모임에 참석하는 횟수가 줄어들었습니다. 결국, 그는 자신이 공동체에서 환영받지 못한다고 느끼며 스스로를 사회적 관계에 적응하지 못하는 사람이라 여기게 되었습니다. 이러한 경험은 자존감 저하로 이어졌고, 이후 새로운 사회적 관계를 형성하는 데에도 어려움을 겪게 되었습니다. 이 사례는 사회적 소외가 개인의 자기효능감과 사회적 참여에 부정적인 영향을 미칠 수 있음을 잘 보여줍니다.

위의 사례들은 인정 부족과 무시, 소외가 개인과 집단에 미치는 부정적인 결과를 명확히 보여줍니다. 이를 방지하기 위해 우리는 다음과 같은 태도를 실천해야 합니다.

✔ 작은 노력에도 관심 기울이기

상대방의 기여와 노력을 세심하게 살펴보고, 이를 인정하는 습관을 갖는 것이 중요합니다. 사소한 노력이라도 의미 있게 받아들이는 태도가 개인의 동기 부여에 긍정적인 영향을 미칩니다.

✔ 과정과 감정 존중하기

단순히 결과만을 평가하는 것이 아니라, 상대방이 과정에서 어떤 어려움을 겪었고 어떤 노력을 기울였는지를 이해하려는 태도가 필요합니다. 이는 신뢰를 형성하고 관계를 더욱 깊게 만듭니다.

✔ 포용적인 환경 조성하기

가정, 직장, 공동체에서 모두가 자신의 목소리를 낼 수 있는 분위기를 조성하는 것이 중요합니다. 서로를 존중하는 문화를 만들면, 누구나 자신의 존재를 긍정적으로 인식할 수 있습니다.

사례에서 보듯, 무시와 소외는 개인의 정서적 안정과 사회적 관계에 치명적인 영향을 미칠 수 있습니다. 이를 막기 위해 우리는 타인의 가치를 존중하고, 그들의 존재를 인정하는 작은 노력을 게을리하지 않아야 합니다. 작은 관심과 인정의 표현이 더 나은 관계와 공동체를 만드는 첫걸음이 될 것입니다.

인정받지 못할 때 생기는 부작용

인정의 부재가 초래하는 심리적·사회적 영향

인정 부족은 자존감 저하와 관계 소원으로 이어진다.

지속적 무시는 불안과 우울을 유발한다.

사회적 소외는 동기 상실과 활력 저하를 초래한다.

무시와 소외가 초래하는 심리적 상처

무시는 자존감을 낮추고 불안을 증가시킨다.

소외는 뇌에서 신체적 고통처럼 인식된다.

무관심이 지속되면 관계 단절로 이어진다.

사례로 보는 부정적 결과와 교훈

직장: 인정 부족은 동기 저하와 갈등을 초래한다.

가족: 부모의 무관심은 자녀의 정서적 불안을 유발한다.

사회: 배제 경험은 자기효능감 저하와 소극적 태도를 만든다.

PART 5

인정의 문화적 차이

인정은 모든 문화에서 중요한 역할을 하지만, 그 표현 방식과 강조점은 문화적 배경에 따라 다르게 나타날 수 있습니다. 사회마다 가치관과 인간관계의 특성이 다르기 때문에, 인정이 가지는 의미와 역할 또한 차이가 있으며, 이는 개인의 심리적 안정뿐만 아니라 조직의 성과와 사회 분위기 전반에 영향을 미칩니다.

| 다른 문화, 다른 방식: 인정이 표현되는 법

개인주의 문화와 집단주의 문화에서의 인정

개인주의 성향이 강한 서구권 국가에서는 개인의 성취와 독립성을 중요한 가치로 여깁니다. 이러한 문화에서는 개인의 기여를 구체적으로 칭찬하고 인정하는 것이 일반적이며, 이를 통해 개인의 자신감을 키우고 지속적인 성장을 유도합니다. 예를 들어, "이번 기

획안에서 네 분석력이 빛을 발했어. 덕분에 방향을 제대로 잡을 수 있었어." 같은 표현은 상대방의 기여를 명확하게 언급하며, 이를 통해 개인은 자신의 역량을 더욱 확신하게 됩니다. 직장에서의 인정 또한 개인의 성과 평가와 밀접한 연관이 있으며, 능력 중심의 경쟁 문화를 조성하는 데 중요한 요소로 작용합니다.

반면, 동아시아를 비롯한 집단주의 문화에서는 개인보다 공동체의 협력과 조화가 더 중시됩니다. 한국, 일본, 중국과 같은 국가에서는 개인의 성취보다는 팀 전체의 노력과 성과를 강조하는 방식으로 인정이 이루어지는 경향이 있으며 *"이번 프로젝트가 성공할 수 있었던 건 모두가 맡은 역할을 잘해줬기 때문이야."* 같은 표현이 더 자연스럽게 받아들여집니다. 이는 개인의 공로를 강조하기보다는 공동체의 협력과 유대를 강화하는 방식으로 작용하며, 이러한 문화에서는 공개적인 자리에서의 개인 칭찬이 부담스럽게 여겨질 수 있기 때문에, 비공식적인 자리에서 인정하는 것이 더 일반적이며, 상사는 회의석상이 아닌 개별 면담에서 직원의 노력을 인정하는 경우가 많습니다. 이러한 방식은 겸손과 조화를 중시하는 문화적 특성과 맞물려 있으며, 개인보다 조직의 안정과 협력을 유지하는 데 초점을 둡니다.

직접적 인정과 간접적 인정

서구권에서는 직접적인 칭찬과 인정이 자연스럽게 이루어집니다. 미국에서는 친구나 동료에게 *"넌 정말 뛰어난 실력을 가졌어."* 같은 강한 표현을 자주 사용하며, 이는 긍정적인 피드백의 일환으로 받아들여집니다. 직장 내에서도 공개적인 칭찬이 흔하며, 공식적인 자리에서 상을 수여하는 방식도 자주 활용되기도 합니다.

반면, 동아시아에서는 직설적인 칭찬이 어색하거나 부담스럽게 느껴질 수 있습니다. 대신, *"이번 발표 덕분에 분위기가 훨씬 명확해졌어."* 처럼 상대방의 행동이 가져온 긍정적인 영향을 강조하는 방식이 더 흔합니다. 일본의 경우, 칭찬보다는 겸손한 표현이 선호되며, *"노력한 만큼 좋은 결과가 나왔네."* 처럼 성과보다는 과정과 성실성을 강조하는 피드백이 많습니다. 이는 상대방이 부담을 느끼지 않으면서도 긍정적인 피드백을 받을 수 있도록 하기 위한 문화적 특징입니다.

공적 인정과 사적 인정

앞서 언급했듯이 서구권에서는 공개적으로 인정하는 것이 일반적입니다. 미국과 유럽에서는 회의 자리에서 팀원에게 직접 칭찬하거나, 공식 행사에서 상을 수여하는 방식이 흔합니다. 이러한 방식은 개인의 성취를 강조하고, 자신감을 높이는 역할을 합니다.

반면, 한국과 일본에서는 지나치게 공개적인 칭찬이 부담스러울 수 있습니다. 한국에서는 '개인적인 자리에서 조용히 칭찬하는 방식'이 더 선호되는 경향이 있으며, 일본의 경우 겸손을 중요하게 여기기 때문에 본인이 직접 인정받는 상황을 부끄러워하는 경우도 많습니다. 직장 내에서는 공개적으로 칭찬하기보다는 따로 불러서 격려하는 방식이 더 자연스럽게 받아들여지는 경우가 많습니다.

권위주의 문화와 평등주의 문화에서의 인정 차이

권위주의적 문화에서는 인정이 주로 상하 관계에서 발생합니다. 특히 한국, 일본, 중국과 같은 동아시아 국가에서는 조직 내에서 상사가 부하 직원을 인정하는 방식이 중요하게 여겨지고, 공식적인 자리에서 이루어지는 경우가 많습니다. 연장자의 인정이 조직 내에서 개인의 입지를 결정하는 중요한 요소로 작용하기도 하며, 공식적인 평가 자리에서의 칭찬이 승진이나 보상과 연결되는 경우도 많습니다.

평등주의 문화에서는 인정이 상하 관계를 떠나 동료 간에도 활발하게 이루어지는 특징이 있습니다. 스웨덴, 네덜란드, 덴마크 등 북유럽 국가에서는 직급에 관계없이 자유롭게 의견을 교환하며, 동료 간에도 자연스럽게 인정과 칭찬이 오가는 환경이 조성되고 *"네가 회의에서 언급한 의견이 정말 도움이 됐어. 새로운 시각을 제공해줘서 고마워."* 같은 표현이 일상적으로 사용되기도 합니다. 이는 조직 내에서 수평적인 문화를 강화하는 역할을 합니다.

사회적 인정과 개인적 인정

앞서 언급한것처럼 서구권에서는 인정이 개인의 자존감과 성취감 형성에 중요한 요소로 작용합니다. *"네 노력 덕분에 정말 멋진 결과가 나왔어. 스스로도 자랑스러워할 만해."* 같은 표현은 개인의 동기 부여와 자기계발을 촉진하는 데 큰 역할을 하기도 합니다.

반면, 동아시아권에서는 인정이 개인의 자존감보다는 공동체 내에서의 역할을 강화하는 수단으로 작용하는 경우가 많습니다. *"네가 맡은 부분을 책임감 있게 수행해줘서 팀 전체가 더 좋은 결과를 낼 수 있었어."* 같은 표현은 개인보다 조직과의 조화를 강조하는 방식입니다.

인정은 모든 문화에서 중요한 역할을 하지만, 그 표현 방식과 강조점은 문화적 배경에 따라 달라집니다. 개인주의 문화에서는 개별적인 성취와 노력을 강조하는 인정이 중요하고, 집단주의 문화에서는 공동체의 조화를 유지하는 방식으로 인정이 이루어집니다. 권위주의 문화에서는 상사의 인정이 조직 내에서 중요한 의미를 가지며, 평등주의 문화에서는 동료 간 상호 인정이 조직 문화를 형성하는 핵심 요소로 작용합니다.

이러한 차이를 이해하고 적절한 방식으로 인정하는 것은 원활한 인간관계를 형성하고 조직 내 협력을 강화하는 데 필수적인 요소입니다. 따라서 우리는 상대방이 속한 문화적 맥락을 고려하여, 그들이 편안하게 받아들일 수 있는 방식으로 인정하는 태도를 가져야 합니다. 인정은 단순한 칭찬을 넘어, 상대방의 가치를 존중하고 더 깊은 신뢰를 형성하는 강력한 도구임을 기억해야 합니다.

| 역사 속 인정의 사례

역사 속에서 인정은 단순한 칭찬을 넘어 사회와 문화를 변화시키고, 지도자의 리더십을 강화하며, 공동체의 결속력을 다지는 핵심적인 요소였습니다. 시대와 문화에 따라 인정의 방식과 역할은 달랐지만, 사람을 존중하고 가치를 인정하는 태도는 변함없이 중요한 영향을 미쳤습니다. 아래에서는 역사적 사례(과거)와 현대적 사례(현재)를 분리하여, 인정이 어떻게 사회를 변화시키고 조직을 발전시켰는지를 살펴보겠습니다.

역사 속 리더들의 인정 전략 사례

사례1. 로마 제국: 병사들의 충성심을 얻은 시저

로마 공화정 말기, 율리우스 시저(Gaius Julius Caesar)는 군대의 충성을 확보하는 데 인정의 힘을 적극 활용했습니다. 그는 전장에서 병사들의 노고를 세심하게 살피며, 공을 세운 이들에게 명예로운 칭호를 수여하거나 공개적으로 칭찬했습니다. 또한, 전쟁에서 뛰어난 활약을 보인 병사의 이름을 직접 호명하며 감사를 전하는 연설을 자주 했습니다. 이러한 인정은 병사들에게 강한 자부심을 심어주었고, 그가 강력한 군사적 기반을 다지는 데 필수적인 요소가 되었습니다. 결국, 시저는 병사들의 절대적인 지지를 바탕으로 로마의 패권을 장악할 수 있었습니다.

사례2. 조선시대: 신하들의 공적을 인정한 세종대왕

조선의 세종대왕(1397~1450)은 인재를 존중하고 능력을 인정하는 리더십을 바탕으로 조선을 번영으로 이끌었습니다. 그는 신하들의 노력을 단순히 칭찬하는 것이 아니라, 그들의 연구와 정책 제안을 적극 수용하며 실질적인 보상을 제공했습니다. 특히, 장영실과 같은 기술자의 업적을 인정하여 신분의 한계를 뛰어넘는 승진을 허용한 것은 당시 사회적으로 혁신적인 조치였습니다. 세종의 인정은 조선의 학문과 과학 발전을 촉진하는 원동력이 되었으며, 그를 후대에도 존경받는 성군으로 남게 했습니다.

사례3. 미국: 에이브러햄 링컨의 감사와 인정

미국의 16대 대통령 에이브러햄 링컨(1809~1865)은 인정의 힘을 국민과 군대를 단결시키는 수단으로 활용했습니다. 그는 남북전쟁 동안 병사들의 희생과 공헌을 인정하는 연설을 자주 했으며, 개별 병사에게 직접 감사의 편지를 보내기도 했습니다. 또한, 유명한 게티즈버그 연설(Gettysburg Address)에서는 희생자들의 헌신을 강조하며 그들의 노력이 헛되지 않도록 하겠다는 메시지를 전했습니다. 이러한 태도는 군대의 사기를 높이고, 국민의 신뢰를 얻는 데 결정적인 역할을 했습니다.

현대 리더와 혁신가들의 인정 전략

역사 속 리더들이 인정의 힘을 활용하여 국가를 다스리고 전쟁을 승리로 이끌었다면, 현대의 리더와 혁신가들은 이를 조직을 성장시키고 창의적인 문화를 조성하는 도구로 활용했습니다.

사례1. 헨리 포드: 노동자를 존중하며 생산성을 높이다

자동차 산업의 혁신가 헨리 포드(Henry Ford, 1863~1947)는 노동자의 가치를 인정하는 새로운 기업 문화를 도입했습니다. 당시 대부분의 기업들은 노동자의 공헌을 인정하지 않았고, 열악한 환경에서 낮은 임금으로 노동력을 착취하는 것이 일반적이었습니다. 그러나 포드는 1914년, 8시간 노동제를 도입하고 당시로서는 파격적인 5달러의 최저 일급을 보장하며 노동자들의 가치를 공식적으로 인정했습니다. 이 정책은 생산성을 급격히 높이고, 노동자들의 충성심을 강화하는 결과를 낳았으며, 포드 자동차가 대량 생산

체계를 성공적으로 구축하는 기반이 되었습니다.

사례2. 에디슨: 창의적 인재를 인정하며 혁신을 이끌다

토머스 에디슨(Thomas Edison, 1847~1931)은 단순한 발명가가 아니라, 창의적인 인재를 인정하고 협력을 이끄는 리더였습니다. 그는 연구소에서 직원들의 아이디어를 존중하며, 작은 발견도 가치 있게 평가하는 환경을 조성했습니다. 특히, "나는 실패한 것이 아니라, 1만 가지의 작동하지 않는 방법을 발견한 것이다."라는 그의 말은 연구자들에게 도전정신을 심어주었으며, 이를 통해 현대 전기 산업의 기틀을 마련할 수 있었습니다.

사례3. 월트 디즈니: 창의성을 존중하며 인정하다

애니메이션 산업을 개척한 월트 디즈니(Walt Disney, 1901~1966)는 직원들의 창의적 아이디어를 인정하고 장려하는 기업 문화를 조성했습니다. 디즈니 스튜디오에서는 아이디어가 채택된 직원에게 공식적인 보상을 제공하며, 신입 직원도 자유롭게 창의적인 의견을 내도록 독려했습니다. 그 결과, <백설공주와 일곱 난쟁이>, <라이온 킹>과 같은 걸작들이 탄생할 수 있었습니다.

사례4. 필 나이트: 도전 정신을 인정한 나이키

나이키(Nike)의 공동 창립자 필 나이트(Phil Knight, 1938~)는 도전 정신과 혁신을 중시하는 기업 문화를 조성했습니다. 그는 직원들에게 자율성을 부여하고, 실패를 두려워하지 않는 도전 정신을 강조했습니다. 특히, 나이키의 대표 슬로건 "Just Do It"은 필 나이트가 추구하는 도전과 혁신의 정신을 반영하는 사례입니다.

사례5. 엘론 머스크: 혁신을 인정하며 도전하다

엘론 머스크(Elon Musk, 1971~)는 직원들의 창의적인 시도를 인정하고, 실패에서 배우는 문화를 조성하며, 테슬라와 스페이스X를 세계적인 기업으로 성장시켰습니다. 그는 연구원들에게 충분한 실험 기회를 제공하며, 새로운 기술 개발을 장려했습니다. 또한, 실패를 질책하는 대신, 이를 학습의 기회로 삼도록 독려하며 혁신을 이끌어가는 기업 문화를 구축했습니다.

역사적 리더들과 현대 혁신가들은 단순한 칭찬이 아닌, 인정의 힘을 적극적으로 활용하여 조직을 성장시켰습니다. 인정은 단순한 감정적 표현이 아니라 사람들의 동기를 부여하고, 사회적 변화를 촉진하는 강력한 도구임을 이 사례들은 잘 보여줍니다.

인정의 문화적 차이

다른 문화, 다른 방식: 인정이 표현되는 법

개인주의: 개인 성취 강조, 직접적이고 공개적인 인정 선호.

집단주의: 공동체 조화 중시, 간접적이고 사적인 인정 선호.

권위주의: 상사의 인정이 개인 입지에 큰 영향.

평등주의: 직급 무관 상호 인정, 수평적 조직 강화.

역사 속 인정의 사례

율리우스 시저: 병사 공로 인정으로 충성심과 군사력 강화.

세종대왕: 신하의 노력을 인정해 학문과 과학 발전 이끎.

에이브러햄 링컨: 희생을 인정해 국민 통합과 군 사기 증진.

헨리 포드: 노동자 가치 인정으로 생산성과 충성도 확보.

엘론 머스크: 실패를 인정해 혁신과 도전 장려.

2부

인정의 기술

인정은 어떻게 표현해야 할까?

PART 1

진정성 있는 인정의 첫걸음

진정성 있는 인정은 단순한 칭찬을 넘어, 상대방이 자신의 노력이 가치 있다고 느끼도록 돕는 과정이라 볼 수 있습니다. 이는 상대방의 행동과 기여를 세심하게 관찰하고, 이를 구체적인 언어로 표현하는 것을 포함합니다. 형식적인 칭찬이나 의례적인 말보다는, 상대방의 노력과 감정을 이해하고 이를 존중하는 태도가 중요하게 여겨집니다.

| 관찰, 공감, 그리고 지속적인 인정

진정성 있는 인정을 하려면 먼저 상대방의 행동과 의도를 깊이 이해하려는 태도가 필요하며 상대가 어떤 목표를 위해 노력했는지, 어떤 어려움을 극복했는지를 살피는 것이 중요합니다. 단순히 결과만을 보고 칭찬하기보다는, 과정과 노력을 세심하게 살펴보는 태도도 필요하며, 이를 통해 상대방은 자신의 노력이 제대로 평가받고 있음을 실감할 수 있습니다.

진정성 있는 인정은 관찰과 경청에서 출발하게 됩니다. 상대방의 말뿐만 아니라 작은 변화, 표정, 행동, 분위기까지 세심하게 살피는 태도가 필요하고, 상대방이 보인 노력이나 태도를 놓치지 않고 인지하는 것이 중요하며, 이를 바탕으로 진심이 담긴 피드백을 제공해야 합니다. 상대방의 감정을 고려한 피드백은 단순한 칭찬보다 훨씬 깊은 의미를 가지며, 신뢰를 형성하는 데도 도움이 됩니다.

뻔한 칭찬이나 형식적인 말은 오히려 진정성을 떨어뜨릴 수 있으며, 중요한 것은 상대방의 행동과 가치를 제대로 반영한 맞춤형 표현입니다. 상대방이 어떤 방식으로 기여했는지, 그 기여가 어떤 영향을 미쳤는지를 고려한 인정을 해야 합니다. 이를 통해 상대방은 단순한 평가가 아니라, 자신의 노력이 제대로 인정받고 있다는 확신을 가질 수 있습니다.

진정성을 표현하는 것은 단순히 말로 끝나는 것이 아니며, 표정, 시선, 몸짓과 같은 비언어적 요소 역시 중요합니다. 상대방과의 눈맞춤, 따뜻한 미소, 긍정적인 태도는 말보다 더 강한 메시지를 전달할 수 있습니다. 반대로, 무표정하거나 바쁜 태도로 칭찬을 건네면 진정성이 부족하다는 인상을 줄 수도 있습니다. 말뿐만 아니라 행동에서도 신뢰와 공감을 보여주는 것이 중요합니다.

진정성 있는 인정은 한 번으로 끝나는 것이 아니라, 지속적인 과정을 통해 관계를 더욱 깊이 있게 만드는 것입니다. 지속적인 관심과 피드백을 통해 상대방이 자신의 가치를 확신할 수 있도록 돕는 것이 중요하고, 이를 통해 신뢰와 존중이 바탕이 된 관계를 형성할 수 있으며, 건강한 자신감을 키울 수 있는 환경이 조성됩니다. 결국, 진정성 있는 인정은 단순한 칭찬을 넘어, 사람과 사람 사이의 긍정적인 연결을 만들어가는 중요한 요소입니다.

표면적 칭찬을 넘어서 진심을 전하는 법

칭찬은 상대방을 기분 좋게 만들 수 있지만, 단순한 칭찬만으로는 깊은 공감을 이끌어내기 어렵습니다. 진정성 있는 인정이야말로 상대방의 가치를 제대로 전하고, 긍정적인 변화를 유도할 수 있는 중요한 요소입니다. 표면적인 칭찬을 넘어 진심을 전하는 방법을 살펴보겠습니다.

단순한 칭찬이 아닌, 의미 있는 피드백 제공하기

단순히 "잘했어!"라고 말하는 것은 상대방에게 순간적인 기쁨을 줄 수 있지만, 구체적인 내용이 부족하면 깊은 감동을 주기는 어렵습니다. 무엇이 좋았는지, 어떤 부분이 특별했는지를 구체적으로 전달할 때 인정의 효과가 극대화됩니다.

표면적 칭찬: *"프레젠테이션 잘했어!"*

진정성 있는 인정: *"네가 준비한 자료가 정말 체계적이었어. 덕분에 청중들이 핵심 내용을 쉽게 이해할 수 있었어."*

이처럼 단순한 평가가 아닌 구체적인 행동과 그 영향을 함께 언급하면, 상대방이 자신의 기여를 실감할 수 있습니다.

감정과 공감을 담아 표현하기

진정성 있는 인정은 단순한 정보 전달을 넘어, 말하는 사람의 감정과 공감을 함께 전달할 때 더욱 효과적이게 됩니다.

평범한 칭찬: *"이번 보고서 정말 잘 썼네."*

공감과 감정을 담은 인정: *"이 보고서 준비하는 게 쉽지 않았을 텐데, 핵심 내용을 간결하게 정리한 점이 정말 돋보였어. 얼마나 신경 썼는지 느껴졌어."*

상대방의 노력을 이해하고 공감하는 태도는 단순한 칭찬 이상의 의미를 전달하며, 관계를 더욱 깊게 만들어줍니다.

인정이 부담이 되지 않도록 신중하게 표현하기

칭찬이나 인정을 할 때, 상대방이 부담을 느끼지 않도록 하는 것도 중요합니다. 지나친 칭찬은 기대감을 높여 오히려 스트레스를 유발할 수 있으며, 결과만 강조하는 피드백은 과정의 중요성을 간과하게 만들 수 있습니다.

부담을 주는 칭찬: *"넌 항상 완벽해! 실수 하나 없이 일을 끝내는구나."*

편안한 인정: *"이번 프로젝트에서도 꼼꼼한 부분이 돋보였어. 항상 세세한 부분까지 신경 써줘서 팀에 큰 도움이 돼."*

이처럼 상대방이 부담 없이 받아들일 수 있도록 조절하는 것이 중요합니다.

일회성이 아닌, 지속적인 관심을 통해 신뢰 쌓기

한 번의 인정보다 지속적인 관심을 가지고 상대방의 성장을 함께 지켜보는 것이 더 중요합니다.

일정 기간 동안 발전한 점을 언급하며 꾸준히 피드백을 제공하고, 성과뿐만 아니라 들어간 노력과 성장 과정을 인정해주고, 상대방이 자신의 가치를 스스로 깨달을 수 있도록 도와주는 태도를 유지해야 합니다.

일회성 인정: *"지난번에도 잘했어."*

지속적인 관심을 담은 인정: *"이번 보고서는 지난번보다 훨씬 논리적으로 구성됐더라. 계속 발전하는 모습이 인상적이야."*

이처럼 상대방이 자신의 성장을 실감할 수 있도록 인정해주는 것이 더욱 효과적입니다.

언어뿐만 아니라 비언어적 표현도 활용하기

말로 전하는 인정만큼 중요한 것이 비언어적 표현입니다. 상대방과 눈을 맞추며 이야기하고, 긍정적인 표정과 따뜻한 태도를 유지하며, 진지한 목소리 톤과 차분한 말투로 신뢰를 형성하는 것이 중요합니다.

형식적인 칭찬: 무심하게 고개를 돌리며 *"좋은 발표였어."*

진정성 있는 인정: 눈을 맞추며 *"너의 발표 덕분에 우리가 중요한 내용을 쉽게 이해할 수 있었어. 고마워."*

말의 내용뿐만 아니라 전달 방식도 신경 쓴다면, 더욱 깊이 있는 인정이 될 수 있습니다.

이 모든 요소가 결합될 때, 인정은 단순한 칭찬을 넘어서 상대방의 마음을 움직이고, 관계를 더욱 깊고 의미 있게 만들어줍니다.

| 마음에서 우러나오는 인정의 차별성

진정한 인정은 단순한 칭찬을 넘어, 상대방의 노력을 깊이 이해하고 그 가치를 인정하는 과정입니다. 이는 겉으로 보이는 성과를 칭찬하는 것이 아니라, 그 사람이 어떤 과정을 거쳤고, 어떤 어려움을 극복했는지를 세심하게 살피고 공감하는 태도에서 비롯됩니다. 마음에서 우러나오는 인정은 단순히 좋은 말을 건네는 것이 아니라, 상대방에게 신뢰와 존중을 형성하는 중요한 소통 방식이 될 수 있습니다.

의도와 감정이 일치하는 인정

진정성이 담긴 인정은 말뿐만 아니라 태도와 표현에서도 자연스럽게 드러납니다. 형식적이거나 습관적인 칭찬은 상대방이 쉽게 간파할 수 있으며, 오히려 신뢰를 떨어뜨릴 수도 있습니다. 반면, 진심이 담긴 인정은 상대방이 자신의 노력이 충분히 이해받고 있음을 느끼게 합니다. 이를 위해서는 상대방이 처한 상황을 고려하고, 감정적으로도 공감하는 태도가 필요합니다.

인정이 효과적으로 전달되기 위해서는 상대방이 처한 환경과 맥락을 이해하는 것이 중요합니다. 같은 말이라도 누구에게, 어떤 상황에서 전달하느냐에 따라 의미가 달라질 수 있기 때문입니다. 상대방의 노력이 어떤 영향을 주었는지를 파악하고, 이를 바탕으로 적절한 방식으로 표현할 때, 인정은 단순한 칭찬을 넘어 보다 깊이 있는 의미를 가지게 됩니다.

감정을 존중하는 인정

진정한 인정은 상대방이 기울인 노력과 감정을 존중하는 데서 시작됩니다. 이는 상대방이 어떤 어려움을 겪었고, 어떤 과정을 거쳐 현재의 결과를 만들어냈는지를 이해하려는 태도에서 비롯됩니다. 공감이 담긴 인정은 상대방이 자신의 노력이 헛되지 않았다고 느끼게 하며, 더 나아가 지속적인 동기부여로 이어질 수도 있습니다.

일회성 칭찬과 달리, 진정성 있는 인정은 지속적으로 이루어질 때 더욱 강한 영향을 미칩니다. 꾸준히 상대방의 가치를 인정하고, 이를 자연스럽게 표현하는 태도는 신뢰를 쌓는 데 중요한 역할을 합니다. 이러한 과정이 반복되면, 단순한 칭찬을 넘어 서로의 성장을 돕는 관계가 형성될 수 있습니다.

마음에서 우러나오는 인정은 단순한 말의 기술이 아니며, 상대방을 깊이 이해하고 존중하는 태도에서 출발합니다. 이를 통해 우리는 보다 진정성 있는 관계를 형성할 수 있으며, 상대방에게 긍정적인 영향을 미칠 수 있습니다. 진정한 인정이 주는 감동은 단순한 칭찬을 넘어, 사람과 사람 사이의 신뢰를 쌓고 지속적인 관계를 만들어가는 중요한 요소가 됩니다.

진정성 있는 인정의 첫걸음

관찰, 공감, 그리고 지속적인 인정

상대방의 행동과 가치를 정확히 이해해야 한다.

관찰과 경청을 통해 진정성을 높인다.

구체적이고 맞춤형 피드백이 진심을 전달한다.

비언어적 표현(눈맞춤, 표정 등)도 공감의 중요한 수단이다.

표면적 칭찬을 넘어서 진심을 전하는 법

행동과 결과를 구체적으로 언급해 신뢰를 높인다.

감정을 담아 표현하면 진정성이 배가된다.

단발적인 칭찬이 아닌, 꾸준한 인정이 중요하다.

마음에서 우러나오는 인정의 차별성

형식적 칭찬이 아닌 상황에 맞는 진심 어린 표현이 필요하다.

성과뿐 아니라 감정과 노력도 존중해야 한다.

꾸준한 인정은 관계를 깊고 신뢰롭게 만드는 핵심이다.

PART 2

구체적이고 명확하게 말하기

　인정의 효과를 극대화하려면 구체적이고 명확한 표현이 필수적입니다. 막연한 칭찬이나 모호한 피드백은 듣는 사람에게 일시적인 만족감을 줄 수 있지만, 자신의 어떤 점이 가치 있게 여겨졌는지 분명하게 인식하지 못할 수 있습니다. 반면, 구체적이고 명확한 표현은 상대방이 자신의 기여를 정확히 이해하고, 스스로의 역량을 더욱 발전시킬 수 있도록 돕습니다.

| 구체적인 인정이 만드는 성장과 동기부여

구체적인 인정이 필요한 이유

　구체적인 인정은 상대방이 자신의 강점을 더욱 확신하게 하고, 향후 행동의 방향을 설정하는 데 도움을 주게 됩니다. 단순히 긍정적인 평가를 내리는 것이 아니라, 어떤 점이 좋았고, 그 행동이 어떠한 긍정적인 영향을 미쳤는지를 명확하게 설명할 때, 상대방은 자신의 기여가 실질적인 가치로 이어졌음을 실감하게 됩니다. 이를 통해 개인의 자신감이 강화되며, 앞으로도 비슷한 성과를 내기 위해 지속적인 동기를 부여받을 수 있습니다.

구체적인 피드백을 전달하기 위해서는 우선 상대방의 행동을 세심하게 관찰해야 합니다. 상대가 어떤 과정을 거쳤고, 어떤 노력이 돋보였는지를 정확히 파악한 후, 이를 구체적으로 언급하는 것이 중요합니다. 단순히 "잘했어" 라고 말하는 것보다, 어떤 점이 효과적이었는지를 설명하는 것이 훨씬 더 의미 있는 인정으로 다가갑니다. 또한, 명확한 언어를 사용하여 상대방이 수행한 역할과 그 결과를 이해할 수 있도록 해야 합니다. 구체적인 데이터나 사례를 활용하면 더욱 효과적으로 메시지를 전달할 수 있습니다. 이 과정에서 모호한 표현보다는 직접적이고 직관적인 언어를 활용하는 것이 중요합니다.

사례. 팀장이 피드백을 주는 상황

프로젝트 발표가 끝난 후, 팀원에게 피드백을 주는 장면

팀장: "오늘 발표 정말 잘했어."

팀원: "감사합니다. 긴장했는데 다행이에요."

팀장: "긴장한 게 전혀 티 나지 않았어. 특히, 발표에서 데이터를 시각적으로 정리한 부분이 정말 인상적이었어. 그래프와 비교 수치를 활용한 방식이 아주 명확했고, 덕분에 청중이 핵심 내용을 쉽게 이해할 수 있었어."

팀원: "그렇게 봐주셔서 기뻐요. 데이터를 정리하는 데 꽤 시간이 걸렸는데,

그 부분이 도움이 됐다니 정말 다행이에요."

팀장: "응, 덕분에 회의가 훨씬 효과적으로 진행될 수 있었어. 그리고 발표할 때 목소리 톤과 속도가 아주 안정적이었어. 그래서 임원분들이 설명을 더욱 신뢰할 수 있었던 것 같아. 앞으로 중요한 발표를 맡게 되더라도 지금처럼 차분하게 진행하면 더 좋은 결과를 낼 수 있을 거라고 확신해."

팀원: "말씀 감사합니다. 앞으로도 이런 방식으로 발표를 준비해볼게요."

팀장: "좋아. 오늘 정말 수고했어. 덕분에 우리 팀 전체가 더 자신감을 갖게 됐어."

이 대화에서 팀장은 단순한 칭찬을 넘어서 구체적이고 명확한 피드백을 통해 상대방의 노력을 인정하고, 어떤 부분이 특히 효과적이었는지를 전달했습니다. 팀장은 발표 내용, 데이터 시각화 방식, 발표 태도와 같은 구체적인 점을 언급하여 팀원이 자신의 강점을 명확히 인식하도록 해주었고, 미래에 대한 조언을 더하여 동기부여와 발전 가능성까지 제시해주었습니다.

구체적인 인정이 주는 영향

구체적이고 명확한 피드백은 단순한 칭찬을 넘어, 상대방의 성장을 유도하는 역할을 하게 됩니다. 특히, 상대방의 강점을 강조하면서도 앞으로 발전할 수 있는 방향을 제시하면 더욱 효과적인 동기부여로 작용할 수 있으며 이러한 피드백은 조직이나 팀 내에서 신뢰를 형성하는 중요한 요소가 됩니다. 명확하고 구체적인 인정은 상대방이 자신의 역할을 더욱 적극적으로 수행할 수 있도록 도와주며, 이를 통해 협업과 관계의 질이 향상될 수 있게 됩니다. 구체적이고 명확한 인정은 단순히 좋은 분위기를 조성하는 것을 넘어, 상대방의 성장을 지원하고 동기를 부여하는 중요한 도구입니다. 이를 실천하기 위해서는 상대방의 행동을 정확히 관찰하고, 그 기여를 명확하게 언급하는 습관을 길러야 합니다. 이러한 과정이 반복되면, 인정은 단순한 칭찬이 아니라 지속적인 성장을 위한 강력한 원동력으로 작용할 수 있습니다.

구체적이고 명확한 피드백의 중요성

단순히 "잘했어"라고 말하는 칭찬은 듣는 사람에게 순간적인 만족감을 줄 수 있지만, 그 이상의 의미를 전달하지 못할 수 있습니다. 반면, 구체적으로 특정한 행동과 기여를 인정하는 방식은 상대방이 자신의 강점을 명확히 인식하도록 도와주고, 이를 통해 자기효능감을 높이는 데 기여합니다. 구체적인 인정은 단순한 감정을 전달하는 것이 아니라, 상대방의 성장과 발전을 지원하는 중요한 역할을 합니다.

구체적으로 인정하는 방법

구체적인 피드백을 전달하기 위해서는 상대방의 행동을 면밀히 관찰해야 합니다. 막연한 칭찬보다는 상대방이 어떤 방식으로 기여했고, 그것이 어떤 긍정적인 결과를 가져왔는지를 명확히 설명하는 것이 중요합니다.

"오늘 회의 준비를 잘했어"라고 말하기보다는, "회의에서 중요한 정보를 미리 정리해서 팀원들이 쉽게 이해할 수 있도록 도와줬어. 덕분에 토론이 훨씬 생산적이었어" 라고 말하면 상대방은 자신의 기여를 더욱 구체적으로 인식할 수 있습니다.

구체적인 표현은 상대방이 앞으로도 비슷한 행동을 반복하도록 유도하는 역할을 할 수 있습니다. 칭찬이 단순한 감탄으로 끝나는 것이 아니라, 상대방이 자신의 강점을 지속적으로 발전시키는 계기가 되어야 합니다.

"이번 프로젝트에서 보여준 분석력이 정말 뛰어났어. 앞으로도 이런 접근 방식을 활용하면 더욱 효과적인 결과를 만들어낼 수 있을 거야."

이렇게 강점을 강조하면서 미래의 가능성을 함께 제시하면 상대방이 자신의 능력을 더욱 발전시키려는 동기를 얻을 수 있습니다.

피드백을 할 때는 단순히 어떤 행동이 좋았다는 것만 말하는 것이 아니라, 그 행동이 어떤 긍정적인 영향을 미쳤는지를 설명하는 것이 중요합니다.

"보고서 구성이 논리적이었어" 고 말하는 대신, "보고서의 핵심 내용을 요약해서 앞부분에 배치한 게 특히 좋았어. 덕분에 팀원들이 주요 내용을 빠르게 이해하고 토론할 수 있었어" 라고 하면, 상대방은 자신의 행동이 실질적으로 어떤 영향을 미쳤는지를 이해할 수 있습니다.

사례. 보고서 검토 후 피드백을 주는 상황

보고서 검토 후 팀장이 피드백을 주는 장면

팀장: "이번에 작성한 보고서, 정말 잘썼어."

팀원: "감사합니다. 조금 더 보완할 부분이 있을까 걱정했는데 다행이네요."

팀장: "자네는 칭찬받을 자격이 있어. 이번 보고서에서 시장 분석 부분이 특히 인상적이었어. 최신 통계 자료를 활용해서 경쟁사와의 차별성을 강조한 점이 효과적이었어. 그 덕분에 우리가 이번 전략을 더 설득력 있게 제시할 수 있었어."

팀원: "그 부분에 신경을 많이 썼는데 알아봐 주셔서 기뻐요. 감사합니다."

팀장: "그리고 문서의 구성도 좋았어. 요약을 맨 앞에 배치해서 주요 내용을 한눈에 파악할 수 있도록 한 게 특히 도움이 됐어. 이런 점들은 앞으로도 보고서 작성 시 참고하면 좋겠어."

팀원: "네, 다음에도 이런 방식으로 정리해 보겠습니다."

팀장: "기대할게. 이번 보고서 덕분에 프레젠테이션도 훨씬 수월해질 것 같아. 수고 많았어."

이 대화에서는 단순히 "보고서 잘썼어"라고 말하는 데 그치지 않고, 구체적인 내용(시장 분석과 문서 구성)을 언급하며 피드백을 전달했습니다. 팀장은 팀원의 노력을 명확히 인정했을 뿐만 아니라, 앞으로 발전시킬 방향까지 제시하여 긍정적인 동기부여를 유도했습니다.

사례. 고객 상담 후 팀장이 피드백을 주는 상황

고객 상담을 마친 팀원에게 피드백을 주는 장면

팀장: "오늘 고객 응대 정말 잘했어요."

상담원: "감사합니다. 사실 조금 까다로운 요청이라 걱정했어요."

팀장: "특히, 고객이 혼란스러워할 때 당신이 침착하게 문제를 다시 설명하고, 대안을 명확히 제시한 점이 정말 좋았어요. 덕분에 고객이 신뢰를 가질 수 있었던 것 같아요."

상담원: "그 부분에서 시간을 조금 더 써야 하나 고민했는데, 적절했다고 생

각해 주시니 다행이에요."

팀장: "그래요, 그리고 고객이 긴장하지 않도록 부드러운 톤으로 대화를 이끈 것도 눈에 띄었어요. 덕분에 고객이 감정을 가라앉히고 수월하게 문제를 해결할 수 있었어요. 앞으로 이런 방식은 다른 상황에서도 활용해 보면 좋겠어요."

상담원: "네, 저도 그 점을 유념해서 다음에도 적용해 보겠습니다."

팀장: "좋아요. 오늘 당신이 보여준 태도와 대응 덕분에 고객 만족도가 크게 높아졌을 거예요. 정말 수고했어요."

이 대화에서는 단순히 "응대를 잘했어요" 라고 말하는 대신, 고객과의 대화에서 나타난 상담원의 침착함과 대안 제시 능력을 구체적으로 언급하며 칭찬했습니다. 팀장은 또한 부드러운 대화 톤이라는 구체적인 강점을 언급하며, 앞으로의 발전 방향을 제시했습니다. 이러한 피드백은 상담원이 자신의 기여를 명확히 인식하고, 이를 지속적으로 강화할 수 있는 동기를 제공합니다.

구체적이고 명확한 언어를 사용한 인정은 단순히 상대방의 기분을 좋게 하는 것을 넘어, 서로 간의 신뢰를 구축하고 관계를 더 깊이 있게 만들어줍니다. 특히 직장, 가정, 교육 환경에서 이러한 방식은 효과적인 소통을 위한 필수 요소로 작용합니다. 구체적인 피드백을 실천하려면 상대방의 행동을 면밀히 관찰하고, 그 기여를 명확하게 언급하는 습관을 길러야 합니다. 단순한 칭찬을 넘어, 상대방이 자신의 가치를 실감하고 지속적으로 성장할 수 있도록 돕는 것이 진정한 인정의 역할입니다.

| 직장과 가정에서 실천할 수 있는 구체적인 인정의 표현

인정은 단순한 칭찬을 넘어, 상대방의 행동과 기여를 정확히 이해하고 표현하는 과정입니다. 이는 직장과 가정에서 모두 중요한 역할을 하며, 관계를 더욱 깊고 의미 있게 만드는 데 기여합니다. 특히, 구체적인 피드백과 진심이 담긴 표현은 상대방에게 자신의 가치를 실감하게 하고, 지속적인 동기부여로 이어질 수 있습니다.

직장에서의 인정 표현

✔ 프로젝트 성공 후

프로젝트가 성공적으로 마무리되었을 때, 팀원들이 기여한 부분을 명확히 언급하면 그들의 노력이 더욱 의미 있게 전달됩니다.

"자네가 프레젠테이션을 준비하면서 자료의 흐름을 체계적으로 구성한 덕분에 논의가 훨씬 원활하게 진행됐어. 발표의 설득력이 뛰어났어."

✔ 회의 후 피드백

회의에서 적극적인 참여를 보인 팀원에게 구체적인 피드백을 제공하면 동기부여에 도움이 됩니다.

"오늘 회의에서 제시한 의견이 실용적이고 구체적이었어. 특히 해결 방안을 단계적으로 설명한 덕분에 팀이 쉽게 방향을 잡을 수 있었어."

✔ 일상업무에 대한 피드백

직장에서는 업무를 수행하는 과정에서도 꾸준한 인정이 필요합니다.

"이번 고객 응대에서 보여준 차분한 태도가 인상 깊었어. 어려운 상황에서도 침착하게 대응한 덕분에 고객이 신뢰감을 가질 수 있었을 거야."

가정에서의 인정 표현

✔ 자녀와의 대화

부모가 자녀의 노력을 인정하는 것은 자존감 형성과 동기부여에 중요한 영향을 미칩니다.

"오늘 방을 깨끗이 정리한 모습이 보기 좋았어. 스스로 정돈하는 습관을 기르려는 노력이 대단해."

✔ 배우자와의 대화

배우자의 노력을 인정하는 것은 유대감을 강화하는 중요한 요소입니다.

"오늘 저녁 준비하느라 정말 수고했어. 음식 하나하나에 정성이 담긴 게 느껴졌어. 덕분에 가족들이 더 즐겁게 식사했어."

✔ 부모님과의 대화

부모님의 노고를 인정하는 것은 감사의 표현이자, 가족 간의 관계를 더욱 따뜻하게 해줍니다.

"아버지가 손수 수리해 주신 덕분에 집이 훨씬 편안해졌어요. 정말 큰 도움이 됐어요, 감사합니다."

진정성 있는 인정이 주는 의미

직장과 가정에서의 인정은 단순한 칭찬을 넘어, 상대방의 노력과 가치를 구체적으로 인정하는 과정입니다. 이는 신뢰를 쌓고 관계를 더욱 깊이 있게 만들며, 긍정적인 소통의 문화를 형성하는 데 중요한 역할을 합니다.

진심이 담긴 인정은 상대방에게 자신의 존재와 역할이 의미 있음을 확신하게 해주며, 더 나은 관계와 환경을 만들어가는 원동력이 됩니다. 직장에서는 동료와 조직의 성장을 이끌어내는 힘이 되고, 가정에서는 가족 간의 유대를 강화하며 더욱 따뜻한 분위기를 조성하는 데 기여합니다.

구체적이고 명확하게 말하기

구체적인 인정이 만드는 성장과 동기부여

막연한 칭찬보다 구체적인 피드백이 신뢰를 준다.

상대방의 행동과 기여를 세심히 관찰해야 한다.

적절한 단어 선택과 설명이 중요하다.

강점을 강조하며 미래의 발전 방향을 제시한다.

구체적이고 명확한 피드백의 중요성

단순한 칭찬보다 특정 행동을 강조해야 한다.

관찰을 바탕으로 세부적인 피드백을 제공한다.

동기부여와 자기 효능감 향상에 도움을 준다.

인간관계를 깊게 하고 신뢰를 형성한다.

직장과 가정에서 실천할 수 있는 구체적인 인정의 표현

직장: 프로젝트 성과, 회의 기여, 업무 태도에 대한 인정.

가정: 자녀의 노력, 배우자의 배려, 부모님의 헌신에 대한 감사.

작은 행동에도 의미를 부여하며 관계를 강화해야 한다.

PART 3

칭찬하기 어려운 상황에서의 인정법

칭찬하기 어려운 상황은 흔히 기대한 결과가 나오지 않았거나 실수가 발생했을 때 나타나곤 합니다. 하지만 이럴 때일수록 적절한 인정이 필요합니다. 이는 상대방의 자신감을 회복시키고, 긍정적인 변화를 유도하는 데 중요한 역할을 하기 때문입니다. 부정적인 피드백을 직접적으로 전달하기보다, 상대방의 노력과 개선가능성을 인정하는 방식의 전달이 더 좋을 수 있습니다.

| 실패와 실수 속에서도 인정하는 법

결과가 기대에 미치지 못했을 때

결과가 만족스럽지 않더라도, 과정에서의 노력을 강조하면 상대방이 자신의 가치를 실감할 수 있습니다. 목표에 도달하지 못했다고 해서 모든 과정이 의미 없었던 것은 아니기 때문입니다.

"이번 결과는 우리가 목표했던 방향과 조금 달랐지만, 분석 과정에서 보여준 세밀함과 꼼꼼함은 확실히 팀에 큰 도움이 되었어."

이처럼 특정한 노력이나 태도를 인정하면, 상대방이 실패에 주눅들기보다 자신이 기여한 부분에 집중할 수 있습니다.

실수가 발생했을 때

실수를 했을 때는 단순한 질책보다는 이를 성장의 기회로 삼도록 유도하는 태도가 매우 중요합니다. 잘못된 점을 지적하기보다는, 앞으로 개선할 방향과 배운 점을 강조하는 것이 효과적일 수 있습니다.

"이번 프로젝트에서 몇 가지 시행착오가 있었지만, 자네가 문제를 해결하려고 시도했던 점은 높이 평가할 만해. 앞으로 이 경험을 바탕으로 더 나은 결과를 만들어낼 수 있을 거야."

실수를 인정하면서도 상대방의 개선 가능성을 강조하면, 긍정적인 피드백으로 작용할 수 있습니다.

실망스러운 결과에서 긍정적인 요소 찾기

결과가 전반적으로 아쉬웠더라도, 잘한 부분이 반드시 존재하기 마련입니다. 작은 강점을 강조하면 상대방이 자신감을 잃지 않으면서도 앞으로 나아갈 방향을 설정하는 데 도움이 되기도 합니다.

"이번 보고서에서 몇 가지 보완할 점이 있지만, 전체적인 구성은 명확하고 논리적이었어. 다음에는 이 강점을 더 살려보면 좋겠어."

이처럼 인정과 개선점을 함께 전달하면, 상대방이 실망보다는 발전의 기회를 발견할 수 있습니다.

공감을 통한 인정 표현

칭찬이 어려운 상황에서도 상대방의 감정을 이해하고 존중하는 태도를 보이는 것 역시 중요합니다. 단순한 결과가 아닌, 그 과정에서의 노력과 감정을 공감하는 표현은 상대방에게 위로와 동기부여를 동시에 제공합니다.

"쉽지 않은 도전이었는데 끝까지 포기하지 않고 최선을 다했어. 그 노력 자체가 정말 의미 있는 경험이었어."

공감을 담은 인정은 단순한 평가를 넘어, 상대방이 자신의 노력을 스스로 의미 있게 받아들일 수 있도록 도와줍니다.

칭찬이 어려운 상황이지만 일방적 질책보다 적절하게 인정해주는 것은 상대방에게 동기와 자신감을 부여하는 강력한 도구가 될 수 있습니다. 중요한 것은 단순한 결과가 아니라, 과정 속에서 보인 태도와 개선 가능성을 강조하는 것입니다. 이러한 접근은 실패를 성장의 기회로 바꾸고, 개인과 팀이 긍정적인 방향으로 나아가도록 돕는 역할을 합니다.

▎갈등 속에서도 장점을 찾아내는 방법

갈등 상황에서는 상대방의 단점이 두드러져 보이기 쉽습니다. 하지만 이럴 때일수록 상대방의 긍정적인 면을 인식하고 이를 인정하는 태도가 중요해집니다. 갈등을 완화하는 것을 넘어, 관계를 개선하고 상호 신뢰를 회복하는 데 긍정적인 영향을 미칠 수 있기 때문입니다. 아래는 갈등 속에서도 상대방의 장점을 발견하고 이를 효과적으로 인정하는 방법입니다.

상대방의 의도를 이해하려는 태도 갖기

갈등 상황에서는 상대방의 말과 행동만을 보고 판단하기보다는, 왜 그렇게 행동했는지를 이해하려는 노력이 필요합니다. 상대방이 문제 해결을 위해 노력한 부분이나, 최선을 다한 태도에 초점을 맞춘다면 부정적인 감정보다는 협력적인 태도로 대화할 수 있습니다.

"우리가 의견이 엇갈리긴 했지만, 네가 문제를 해결하려는 의지를 강하게 보였다는 점은 분명히 인정해야 할 부분이야. 그 점이 결국 더 좋은 해결책을 찾는 데 도움이 될 거야."

이처럼 상대방의 태도나 의도를 인정하면, 대화의 방향이 감정적인 대립이 아닌 생산적인 논의로 전환될 수 있습니다.

상대방의 관점에서 긍정적인 요소 찾기

갈등이 발생했을 때는 자신의 입장만 고수하기보다 상대방의 시각에서 바라보려는 노력이 필요합니다. 상대의 주장이 처음에는 다르게 보이더라도, 깊이 들여다보면 유용한 점이 있을 수 있습니다.

"처음에는 네 의견이 다소 극단적으로 느껴졌지만, 다시 생각해보니 우리가

놓치고 있던 부분을 잘 짚어줬다는 걸 깨달았어. 그 세심한 시각이 팀에 큰 도움이 되는 것 같아."

이런 피드백은 상대방의 입장을 존중하는 동시에, 갈등을 해결하는 실마리가 될 수 있습니다.

상대방의 태도와 접근 방식을 인정하기

의견 차이가 있다고 해서 상대방의 모든 점이 부정적인 것은 아닙니다. 상대방이 논의를 지속하려는 태도나 문제 해결을 위한 노력을 보였다면, 이를 인정하는 것이 관계 회복에 도움이 됩니다.

"이번에 의견이 엇갈리긴 했지만, 네가 끝까지 해결책을 찾으려고 했던 태도는 인상적이었어. 그런 태도가 팀워크를 더욱 발전시킬 거라고 생각해."

이처럼 상대방의 행동과 태도를 긍정적으로 평가하면, 갈등을 보다 생산적으로 풀어갈 수 있습니다.

갈등을 성장의 기회로 전환하기

갈등은 단순한 충돌이 아니라 서로를 더 깊이 이해하고 성장할 기회가 될 수 있습니다. 갈등이 끝난 후 이를 반성하고, 배울 점을 공유하면 관계를 더욱 견고하게 만들 수 있습니다.

"이번 논쟁을 통해 서로의 생각을 더 명확하게 알게 된 것 같아. 특히 네가 지적했던 부분은 우리가 앞으로 더 신중하게 고려해야 할 중요한 요소였어."

이런 피드백은 갈등을 통해 배운 점을 강조하면서도, 상대방의 기여를 인정하는 효과가 있습니다.

작더라도 진심 어린 인정 표현하기

감정적으로 힘든 상황일수록 작은 칭찬과 인정이 의미를 가질 수 있습니다. 상대방이 논의 과정에서 보여준 태도나 기여를 진심으로 인정하면, 대립적인 분위기를 누그러뜨리는 데 도움이 됩니다.

"오늘 대화가 쉽지는 않았지만, 네가 끝까지 솔직하게 의견을 나눠줘서 고마워. 덕분에 더 나은 결론을 내릴 수 있었던 것 같아."

이처럼 상대방이 논의에 기여한 부분을 짚어주면, 갈등 이후에도 서로에 대한 신뢰를 유지할 수 있습니다.

갈등이 있을 때는 단점보다 장점에 집중하는 것이 쉽지 않지만, 이를 실천하면 상대방과의 관계를 긍정적으로 변화시킬 수 있습니다. 단순한 대립에서 벗어나 서로의 강점을 인정하고 신뢰를 회복하려는 태도를 가질 때, 갈등은 오히려 더 나은 관계로 나아가는 기회가 될 수 있습니다.

| 노력과 태도를 인정하는 실용적 팁

노력과 태도를 인정하는 것은 단순한 결과 평가를 넘어, 상대방의 과정과 의지를 존중하는 방식입니다. 이는 상대방의 자신감을 높이고 지속적인 동기부여로 이어지는 중요한 요소가 됩니다. 진정성 있고 효과적인 인정은 단순한 칭찬보다 더욱 강력한 긍정적인 영향을 미칩니다. 아래는 이를 실천하는 데 도움이 되는 실용적인 방법들입니다.

구체적인 행동을 언급하기

노력을 인정할 때는 막연한 표현보다 상대방이 어떤 행동을 했는지 구체적으로 설명하는 것이 중요합니다. 단순히 "열심히 했어" 라고 말하는 대신, 상대방이 어떤 방식으로 기여했는지를 명확히 전달하면 더욱 효과적입니다.

상대방이 세부 사항까지 신경 써서 업무를 수행했을 때,

"이번 프로젝트에서 네가 자료를 정리하고 여러 차례 검토한 덕분에 훨씬 더 완성도 높은 결과물이 나왔어."

이처럼 특정한 행동을 언급하면 상대방이 자신의 노력이 인정받았다는 확신을 가질 수 있습니다.

과정과 태도에 초점 맞추기

결과가 기대만큼 좋지 않더라도, 상대방의 태도와 과정에서 보인 긍정적인 점을 인정하는 것이 중요합니다. 이는 상대방이 도전을 지속할 수 있도록 돕고, 실패 속에서도 배울 점을 찾게 만듭니다.

"이번 작업이 쉽지 않았지만, 포기하지 않고 해결책을 찾으려고 했던 너의 태도가 정말 인상적이었어. 그런 자세는 앞으로도 분명히 큰 자산이 될 거야."

이러한 인정은 상대방이 자신의 노력이 가치 있었다고 느끼게 하

며, 다음 도전에도 긍정적인 태도를 유지하는 데 도움이 됩니다.

작은 성취도 놓치지 않고 인정하기

모든 노력이 반드시 큰 성과로 이어지는 것이 아닙니다. 작은 변화나 행동도 인정하면 상대방의 동기부여에 긍정적인 영향을 줄 수 있습니다.

"오늘 적극적으로 의견을 낸 점이 좋았어. 덕분에 논의가 더 깊어졌어."

이처럼 일상 속 작은 노력을 인정하는 것은 상대방이 지속적으로 성장할 수 있도록 돕는 역할을 합니다.

진심을 담아 표현하기

인정의 효과는 진정성에서 나옵니다. 듣는 사람이 진짜로 자신의 노력이 인정받았다고 느낄 수 있도록, 감정을 담아 전하는 것이 중요합니다.

"네가 이 문제를 해결하려고 얼마나 고민했는지 알겠어. 그 진지한 태도가 정말 대단해."

이처럼 상대방의 감정을 이해하고 공감하는 표현은 더욱 깊은 신뢰를 형성할 수 있습니다.

지속적인 노력을 강조하기

단기적인 성과만을 칭찬하는 것이 아니라, 상대방의 꾸준한 노력을 인정하는 것도 중요합니다. 오랜 기간 지속된 노력은 더욱 큰 동기부여로 이어질 수 있습니다.

"한 달 동안 꾸준히 야근하며 프로젝트를 완성한 네 노력 덕분에 기한을 맞출 수 있었어. 너의 헌신에 정말 감사해."

이러한 인정은 상대방이 자신의 노력이 지속적으로 평가받고 있음을 알게 해주며, 더 나은 성장을 위한 기반을 마련하는 역할을 합니다.

노력과 태도를 인정하는 것은 단순한 칭찬을 넘어, 상대방의 성장을 돕고 지속적인 동기를 부여하는 강력한 도구가 됩니다. 이를 통해 우리는 긍정적인 관계를 형성할 수 있으며, 상대방이 스스로의 가치를 확신하고 더욱 적극적으로 도전할 수 있도록 돕는 환경을 만들 수 있습니다.

칭찬하기 어려운 상황에서의 인정법

실패와 실수 속에서도 인정하는 법

결과가 부족할 때는 과정과 노력을 인정해야 한다.

실패를 성장의 기회로 전환하는 피드백이 중요하다.

실망스러운 결과 속에서도 긍정적인 요소를 강조해야 한다.

갈등 속에서도 장점을 찾아내는 방법

상대방의 의도와 노력을 이해하려는 태도가 필요하다.

부정적 감정 속에서도 긍정적인 부분을 인정해야 한다.

갈등을 성찰과 성장의 기회로 전환하는 것이 중요하다.

노력과 태도를 인정하는 실용적 팁

행동을 세심히 관찰하고 구체적으로 인정해야 한다.

결과보다 과정과 의지를 칭찬하면 동기 부여가 강화된다.

지속적인 노력에 대한 피드백이 신뢰와 성장을 촉진한다.

PART 4

비언어적 인정도 중요하다

비언어적 인정은 말로 직접 표현하지 않더라도 상대방에게 존중과 지지를 전달하는 강력한 방법입니다. 우리의 표정, 몸짓, 시선, 그리고 태도는 말 이상의 메시지를 담고 있으며, 상대방이 자신의 가치를 인정받고 있음을 느끼게 해줄 수 있습니다. 효과적인 비언어적 인정은 관계를 더욱 깊고 의미 있게 만들어주게 됩니다.

| 말 없이 전하는 인정의 힘

상대방과의 눈맞춤은 비언어적 인정의 가장 기본적인 방법으로 대화를 나눌 때 눈을 맞추는 것은 상대방이 하는 말에 관심을 기울이고 있음을 보여주며, 신뢰감을 형성하는 데 도움이 됩니다. 반면, 눈을 피하거나 산만한 태도를 보이면 상대방은 자신의 말이 중요하지 않다고 느낄 수 있게 됩니다. 따라서 상대방과 자연스럽게 눈을 맞추며 대화를 이어가는 것이 중요합니다.

진심 어린 미소는 상대방의 노력을 인정하는 가장 쉬운 방법입니다. 미소는 긍정적인 분위기를 조성하고 상대방이 편안함을 느낄 수 있도록 해주며, 상대방이 한 행동에 대한 즉각적인 긍정적인 반응을 표현할 때, 미소는 말보다 더 큰 감동을 줄 수 있습니다. 작은 성과에도 따뜻한 미소로 반응하면 상대방은 자신이 인정받고 있다고 느끼게 됩니다.

몸짓과 자세는 상대방과의 상호작용에서 중요한 역할을 합니다. 상대방을 향해 몸을 기울이거나 열린 자세로 앉는 것은 그들의 말에 집중하고 있다는 신호를 보내주지만 반대로, 팔짱을 끼거나 몸을 뒤로 젖히는 등의 행동은 무관심이나 방어적인 태도로 해석될 수 있습니다. 따라서 몸의 방향과 태도를 조정하여 상대방이 편안하게 느낄 수 있도록 하는 것이 중요합니다.

고개를 끄덕이는 것은 상대방의 말을 이해하고 있음을 나타내는 대표적인 비언어적 표현입니다. 대화 중 적절한 순간에 고개를 끄덕이면 상대방은 자신의 말이 존중받고 있다는 느낌을 받게 됩니다. 이는 상대방이 자신감 있게 대화를 이어갈 수 있도록 도와주며, 긍정적인 분위기를 조성하는 데도 효과적입니다.

손짓과 가벼운 터치는 신뢰를 형성하는 데 유용하게 활용될 수 있습니다. 예를 들어, 격려의 의미로 가볍게 어깨를 두드리거나, 감사의 의미로 부드럽게 악수를 건네는 것은 상대방이 인정받고 있다는 느낌을 받을 수 있도록 도와줍니다. 다만, 상황과 상대방의 성향에 따라 자연스럽게 활용하는 것이 중요합니다.

비언어적 인정은 단순한 몸짓을 넘어 상대방과의 관계를 긍정적으로 변화시키는 중요한 역할을 합니다. 이를 실천하면 상대방은 자신이 존중받고 있음을 느끼며, 신뢰와 유대감이 더욱 깊어질 수 있습니다. 작은 몸짓 하나에도 진정성을 담아 전달할 때, 우리는 말보다 강력한 방식으로 상대방의 가치를 인정할 수 있습니다.

┃ 미소, 눈맞춤, 고개 끄덕임의 심리적 효과

비언어적 표현은 단순한 몸짓을 넘어, 상대방에게 신뢰와 존중을 전달하는 중요한 역할을 합니다. 특히 미소, 눈맞춤, 고개 끄덕임은 대화의 분위기를 조성하고, 상대방이 자신의 존재와 가치를 인정받고 있다고 느끼도록 돕는 강력한 요소입니다. 이러한 비언어적 신호들은 인간관계에서 긍정적인 영향을 미치며, 상호작용을 보다 자연스럽고 의미 있게 만들어줍니다.

✔ 미소: 친밀감과 긍정적인 감정 형성

미소는 상대방에게 따뜻함과 호감을 전달하는 가장 기본적인 비언어적 표현입니다. 진심 어린 미소는 신뢰를 형성하고, 상대방의 긴장을 완화하며, 관계를 더욱 친밀하게 만듭니다. 심리학 연구에서도 미소를 받는 사람은 긍정적인 감정을 더 잘 유지할 수 있으며, 대화에 대한 호의적인 태도를 보이는 경향이 강하다는 점이 입증되었습니다. 미소는 또한 신경전달물질인 도파민과 세로토닌 분비를 촉진하여 행복감을 증가시키고, 스트레스를 감소시키는 효과를 가집니다. 대화 중 미소를 건네면 상대방은 자연스럽게 더 열린 태도로 반응하게 되며, 관계의 유대감이 더욱 깊어지게 됩니다.

✔ 눈맞춤: 신뢰와 집중의 신호

눈맞춤은 상대방에게 관심을 기울이고 있음을 나타내는 가장 직접적인 방법입니다. 대화 중 적절한 눈맞춤은 상대방이 자신의 말이 중요하게 여겨지고 있다고 느끼게 만들며, 신뢰감을 형성하는 데 기여합니다. 눈맞춤은 또한 공감 능력을 강화하는 효과가 있습니다. 상대방이 감정을 표현할 때 적절한 눈맞춤을 유지하면, 그들의 감정을 더 깊이 이해하고 있음을 전달할 수 있습니다. 다만, 지나치게 강한 눈맞춤은 부담스럽거나 위압적으로 느껴질 수 있으므로, 자연스럽고 간헐적인 눈맞춤을 유지하는 것이 중요합니다.

✔ 고개 끄덕임: 경청과 긍정적 피드백

고개를 끄덕이는 행동은 상대방의 말을 경청하고 있음을 나타내는 대표적인 비언어적 신호입니다. 이는 대화에서 긍정적인 피드백 역할을 하며, 상대방이 자신의 의견이 받아들여지고 있다는 확신을 가지게 만듭니다. 고개를 끄덕이는 행동은 상대방의 자신감을 높이고, 대화를 더욱 원활하게 만드는 데 기여합니다. 예를 들어, 상대방이 자신의 의견을 말할 때 자연스럽게 고개를 끄덕이면, '나는 네 이야기를 듣고 있고, 너의 생각을 존중한다'는 메시지를 전달할 수 있습니다. 이러한 행동은 상대방이 더욱 적극적으로 대화에 참여하도록 유도하며, 상호 신뢰를 높이는 데 중요한 역할을 합니다.

미소, 눈맞춤, 고개 끄덕임과 같은 비언어적 표현은 단순한 몸짓을 넘어, 상대방에게 깊은 심리적 안정감을 주고 관계를 더욱 돈독하게 만들어줍니다. 이러한 표현을 적절히 활용하면 대화의 분위기를 부드럽게 만들고, 상호 간의 신뢰를 형성하는 데 큰 도움이 됩니다. 관계에서 말로 표현하지 않아도 상대방이 인정받고 있음을 느낄 수 있도록 하는 것, 그것이 바로 비언어적 인정이 가지는 가장 강력한 힘입니다.

상황에 맞는 비언어적 인정법

비언어적 인정은 상대방이 자신의 가치를 느끼고 신뢰를 형성하는 데 중요한 역할을 합니다. 단순한 말보다 더 깊은 공감을 전달할 수 있으며, 상황에 맞게 적절히 활용하면 관계를 더욱 긍정적으로 변화시킬 수 있습니다. 다음은 다양한 환경에서 효과적으로 사용할 수 있는 비언어적 인정법입니다.

✔ 회의나 발표 상황

• 상대방이 발표를 할 때 눈맞춤을 유지하며, 중요한 부분에서 고개를 끄덕이면 발표자의 의견이 존중받고 있다는 느낌을 줍니다.

• 발표가 끝난 후 따뜻한 미소와 가벼운 박수를 보내는 것은 상대방의 노력을 인정하는 효과적인 방법입니다.

• 상대방의 의견을 듣는 동안 몸을 앞으로 살짝 기울이는 자세는 적극적으로 경청하고 있음을 보여줍니다.

• 회의 중 상대방이 의견을 낼 때, 순간적으로 미소를 짓거나 찬성의 신호를 보내는 제스처를 하면 긍정적인 분위기를 조성할 수 있습니다.

• 협업 중 상대방이 노력한 부분이 보일 때, 가볍게 어깨를 두드리는 행동은 고마움을 표현하는 자연스러운 방식이 됩니다.

✔ 갈등 상황에서의 인정

• 의견 차이가 있을 때 부드러운 표정을 유지하는 것만으로도 긴장감을

완화하는 효과가 있습니다.

- 상대방이 자신의 생각을 말할 때 적절한 눈맞춤과 고개 끄덕임을 활용하면, '나는 당신의 의견을 듣고 있다'는 메시지를 전달할 수 있습니다.
- 방어적인 태도로 해석될 수 있는 팔짱을 끼거나 몸을 뒤로 젖히는 자세는 피하는 것이 좋습니다. 대신, 열린 자세와 차분한 태도를 유지하면 갈등을 원활하게 해결하는 데 도움이 됩니다.

✔ 가정에서의 인정

- 자녀가 성취감을 느끼는 순간, 따뜻한 미소와 함께 머리를 가볍게 쓰다듬거나 포옹하는 것은 말보다 더 큰 격려가 될 수 있습니다.
- 배우자와 대화할 때, 손을 잡거나 가볍게 어깨를 토닥이는 행동은 애정을 표현하는 동시에 그들의 노력을 인정하는 효과적인 방법입니다.
- 부모님과의 대화에서 눈을 맞추고 경청하는 태도를 보이는 것은 존중의 의미를 전달하며, 부모님의 말에 공감하고 있음을 보여줍니다.

✔ 교육 현장에서의 인정

- 학생이 수업 중 질문에 답했을 때 고개를 끄덕이며 미소를 짓는 것은 참여를 독려하는 데 효과적입니다.
- 발표하는 학생에게 긍정적인 표정을 짓거나 응원의 박수를 보내는 것은 자신감을 키워주는 역할을 합니다.
- 학생이 노력하는 모습을 보일 때, 작은 손짓으로 격려하는 행동은 학습에 대한 동기부여를 강화할 수 있습니다.

비언어적 표현은 말보다 더 진정성 있게 상대방에게 다가갈 수 있는 강력한 도구입니다. 상황에 맞는 표현을 선택하여 활용하면 관계가 돈독해지고, 상호 간의 신뢰가 깊어질 수 있습니다. 이를 실천하면 일상에서 더욱 의미 있는 소통을 만들어 갈 수 있습니다.

비언어적 인정도 중요하다

말없이 전하는 인정의 힘

비언어적 인정은 관계를 깊게 하고 진정성을 전달한다.

눈맞춤은 경청과 존중의 신호다.

미소, 몸짓, 자세는 말보다 강한 신뢰와 메시지를 전달한다.

미소, 눈맞춤, 고개 끄덕임의 심리적 효과

미소: 따뜻함과 신뢰를 주며 긍정적 감정을 유도한다.

눈맞춤: 집중과 신뢰를 전해 정서적 연결을 강화한다.

고개 끄덕임: 상대 의견 존중과 경청을 표현한다.

상황에 맞는 비언어적 인정법

회의/발표: 눈맞춤, 끄덕임, 박수로 긍정적 반응 전달.

갈등 상황: 부드러운 표정과 열린 자세로 긴장 완화.

가정/교육: 미소, 포옹, 손짓으로 따뜻한 인정과 격려 제공.

PART 5

비판과 인정의 균형 유지하기

인정과 비판은 상반된 개념처럼 보이지만, 조화롭게 활용하면 개인과 조직의 성장에 중요한 역할을 하기도 합니다. 적절한 인정은 동기부여를 강화해주고, 비판은 개선과 발전의 기회를 제공합니다. 그러나 무조건적인 칭찬이나 과도한 지적은 오히려 역효과를 낼 수 있습니다. 따라서 피드백을 효과적으로 전달하려면 목적을 명확히 하고, 상황에 맞는 접근 방식을 선택해야 합니다.

| 성장을 위한 인정과 비판의 조화

인정과 비판을 효과적으로 사용하려면 각각의 목적을 분명히 해야 합니다.

✔ 인정의 목적
긍정적인 행동을 강화하고, 상대방의 자신감을 높이며, 지속적인 동기를 부여하기 위해서입니다.

✔ 비판의 목적

부족한 점을 개선하도록 돕고, 보다 나은 결과를 얻으며, 성장을 위한 피드백을 제공하기 위해서입니다.

즉, 인정은 상대방의 기여를 가치 있게 여기고 지속적인 발전을 유도하는 도구이며, 비판은 단순한 지적이 아니라 상대방이 성장할 수 있도록 방향을 제시하는 역할을 합니다.

인정과 비판의 균형 유지하기

연구에 따르면, 긍정적인 피드백과 부정적인 피드백의 이상적인 비율은 5:1 정도입니다. 즉, 한 번의 비판을 할 때 최소 다섯 번의 인정을 제공하는 것이 바람직합니다. 이렇게 하면 상대방이 자존감을 유지하면서도 피드백을 수용할 가능성이 커집니다.

잘못된 피드백: *"이 보고서는 전체적으로 부족해. 결론 부분이 너무 애매하고 자료 정리가 부족해."*

균형 잡힌 피드백: *"보고서의 데이터 분석 부분이 굉장히 철저하고 설득력이 있어. 다만 결론을 조금 더 명확하게 정리하면 더 좋은 보고서가 될 것 같아. 전체적으로 팀에 큰 도움이 되었어."*

이처럼 긍정적인 부분을 먼저 인정한 후, 개선할 점을 지적하고 다시 긍정적인 요소를 강조하면 상대방이 더 수용적으로 받아들일 수 있습니다.

비판을 효과적으로 전달하는 방법

비판은 단순한 지적이 아니라 상대방이 개선할 수 있도록 돕는 과정이어야 합니다. 다음 세가지의 원칙을 따르면 반감이 적은 효과적인 비판이 가능합니다.

✔ 객관적인 사실을 기반으로 전달

비판이 감정적으로 전달되면 상대방이 방어적인 태도를 보일 수 있습니다. 따라서 주관적인 판단이 아니라 구체적인 사실과 데이터를 기반으로 피드백하는 것이 중요합니다.

✔ 행동이나 결과에 초점

비판은 개인이 아니라 특정한 행동이나 결과에 대한 것이어야 합니다. "너는 항상 실수를 해" 보다는 "이번 보고서에서 일부 데이터가 누락된 점을 보완하면 더 좋을 것 같아" 라고 표현하는 것이 효과적입니다.

✔ 해결책과 함께 제시

단순한 문제 지적이 아니라, 상대방이 개선할 수 있는 방향을 함께 제시하는 것이 중요합니다. "이 부분을 좀 더 보완해 주었으면 좋겠어. 예를 들어, 다음 프로젝트에서는 데이터를 한 번 더 점검하는 프로세스를 추가해 보면 어떨까?" 처럼 구체적인 대안을 함께 제공하면 피드백이 더욱 유용해집니다.

비판을 부드럽게 전달하는 샌드위치 기법 활용

비판을 전달할 때 샌드위치 피드백 기법을 사용하면 상대방이 거부감 없이 받아들일 수 있습니다.

✔ 긍정적인 피드백

먼저 상대방의 기여와 노력을 인정합니다.

✔ 개선점 제시

피드백의 핵심 내용을 전달하고 개선할 부분을 구체적으로 설명합니다.

✔ 격려와 긍정적인 마무리

상대방이 개선할 수 있다는 확신을 가질 수 있도록 긍정적인 메시지로 마무리합니다.

샌드위치 기법 적용 피드백: *"이번 프로젝트에서 네가 보여준 리더십이 정말 인상적이었어. 팀원들을 잘 조율하고 업무를 체계적으로 진행한 점이 좋았어. 다만 다음에는 팀원들의 의견을 좀 더 적극적으로 반영하면 더 좋은 결과가 나올 수 있을 것 같아. 그래도 네가 팀을 이끌어가려는 태도는 정말 훌륭했고, 앞으로도 기대할게."*

이러한 방식은 상대방이 비판을 긍정적으로 받아들이고, 더 나아질 수 있도록 동기를 부여하는 효과가 있습니다.

상황에 맞는 인정과 비판 조절하기

피드백을 제시해야 하는 경우 상황과 상대방의 성향에 따라 다르게 접근해야 합니다.

✔ 성과를 높이고 싶을 때

특정한 성취나 긍정적인 행동을 강화하기 위해 인정의 비율을 높입니다.

✔ 문제를 해결하고 싶을 때

개선이 필요한 부분을 강조하면서도, 이를 긍정적인 방향으로 유도할 수 있도록 신중하게 비판을 전달합니다.

✔ 창의적인 환경을 조성하고 싶을 때

실수를 두려워하지 않도록 인정과 비판을 균형 있게 조화시킵니다. "이 아이디어는 참신해. 다만, 현실적으로 실행할 때 몇 가지 보완이 필요할 것 같아" 같은 인정과 비판을 함께 제시하면 창의성을 저해하지 않으면서도 실질적인 개선이 가능합니다.

인정과 비판의 조화가 가져오는 효과

진정한 인정과 적절한 비판을 효과적으로 조화시키면 다음과 같은 긍정적인 변화를 기대할 수 있습니다.

✔ 동기부여 증대

사람들이 인정받을 때 더 좋은 성과를 내기 위해 노력하게 됩니다.

✔ 성장 촉진

비판을 통해 부족한 점을 보완하고 발전할 기회를 얻을 수 있습니다.

✔ 신뢰와 존중 형성

인정과 비판이 균형을 이루면 피드백을 받는 사람이 신뢰를 느끼고, 건설적인 태도로 피드백을 받아들입니다.

✔ 건강한 조직 문화 조성

비판을 두려워하지 않고 존중하며 인정하는 환경이 만들어집니다.

인정과 비판은 대립하는 개념이 아니라, 서로를 보완하는 역할을 합니다. 과도한 인정은 개선의 기회를 놓치게 만들고, 지나친 비판은 동기부여를 저하시킬 수 있습니다. 따라서 피드백의 목적을 명확히 하고, 상대방의 상황과 성향을 고려하며, 인정과 비판을 전략적으로 조합하는 것이 가장 효과적인 방법입니다. 올바르게 조화된 피드백은 개인과 조직의 성장에 기여할 뿐만 아니라, 건강한 관계를 유지하는 데 중요한 역할을 합니다.

| 긍정적 피드백과 건설적 피드백의 실천법

피드백은 단순한 평가를 넘어 상대방의 성장과 조직의 발전을 돕는 중요한 역할을 하기도 합니다. 긍정적 피드백은 상대방의 강점을 강화하고 동기부여를 높이는 반면, 건설적 피드백은 개선이 필요한 부분을 제시하며 발전의 기회를 제공합니다. 이 두 가지를 균형 있게 활용하면 신뢰와 존중이 형성되어 지속적인 성장을 유도할 수 있습니다.

긍정적 피드백의 실천법

긍정적 피드백은 단순한 칭찬이 아니라 상대방의 행동이나 성과를 구체적으로 짚어주며, 이를 지속할 수 있도록 동기를 부여하는 것이 핵심입니다.

첫번째, 막연한 칭찬보다는 구체적으로 어떤 점이 좋았는지를 명확하게 전달하는 것이 효과적입니다.

일반적인 피드백: "좋은 발표였어."

구체적인 피드백: "오늘 발표에서 핵심 개념을 사례와 함께 설명한 덕분에 이해하기 쉬웠어. 특히 그래프 활용이 인상적이었어."

이처럼 특정한 요소를 짚어주는 구체적인 칭찬과 피드백은 상대방이 자신의 강점을 더욱 인식하고 발전시킬 수 있도록 해줍니다.

두번째, 긍정적 피드백은 즉각적일수록 효과가 큽니다. 특정한 행동이 긍정적인 영향을 주었을 때 바로 피드백을 제공하면, 상대방은 그 행동을 강화하고 반복하려는 동기를 얻습니다.

"오늘 고객 응대에서 차분한 태도로 문제를 설명해 준 점이 정말 좋았어. 덕분에 고객이 신뢰감을 느낀 것 같아."

세번째, 결과뿐만 아니라 과정에서의 노력과 태도를 인정하면 상대방에게는 더욱 큰 동기부여가 됩니다.

"이번 프로젝트에서 너의 철저한 자료 조사 덕분에 보고서의 완성도가 높아졌어. 과정에서 보인 집중력과 꼼꼼함이 정말 인상적이었어."

네번째, 긍정적인 피드백을 공개적으로 전달하면 동기부여 효과가 더욱 커질 수 있습니다.

"이번 프로젝트에서 A의 분석력이 정말 돋보였어. 덕분에 팀의 전략이 훨씬 더 탄탄해졌어."

이처럼 공개적인 자리에서 긍정적인 인정을 하면 개인뿐만 아니라 조직 전체의 사기도 높아질 수 있습니다.

건설적 피드백의 실천법

건설적 피드백은 상대방이 받아들이기 쉽게 전달하면서도, 발전할 수 있도록 방향을 제시하는 것이 핵심입니다. 비판이 아니라 성장의 기회를 제공하는 방식으로 접근해야 합니다.

첫번째, 건설적 피드백은 상대방을 공격하는 것이 아니라, 개선이 필요한 부분을 구체적으로 전달하는 것입니다.

비판적인 피드백: *"너무 실수가 많았어. 대충 한 거 아니야?"*

건설적인 피드백: *"이번 작업에서 몇 가지 오류가 발견됐어. 다음번에는 검토 과정을 한 번 더 거치면 더 정확한 결과를 낼 수 있을 거야."*

이처럼 문제점을 지적할 때는 행동에 초점을 두어야 하며, 인격을 공격하는 표현을 피하는 것이 중요합니다.

두번째, 단순히 문제를 지적하는 것이 아니라, 개선할 수 있는 방법을 함께 고민하는 방식이 효과적입니다.

"보고서의 분석 부분이 조금 더 논리적으로 정리되면 좋겠어. 다음번에는 핵심 내용을 강조하는 그래프를 추가해 보면 어떨까?"

세번째, 피드백을 제공할 때 긍정적인 점 → 개선할 점 → 긍정적인 마무리 구조로 전달하면 상대방이 더 적극적으로 받아들일 수 있습니다.

"이번 프로젝트에서 네가 보여준 리더십이 돋보였어. 다만, 프레젠테이션에서 핵심 내용을 조금 더 명확하게 전달하면 좋을 것 같아. 그래도 네가 팀을 조율하는 능력은 정말 훌륭했고, 앞으로도 기대할게."

네번째, 건설적 피드백은 일방적인 지적이 아니라, 상대방과 함께 해결책을 찾아가는 과정이어야 합니다.

"이번 작업에서 어떤 부분이 어려웠는지 이야기해 줄 수 있을까? 함께 해결 방법을 고민해 보자."

다섯번째, 비판적인 피드백은 공개적으로 전달하면 상대방이 위축될 수 있으므로, 사적인 자리에서 조용히 전달하는 것이 바람직합니다.

"우리 잠깐 이야기할 수 있을까? 이번 보고서에서 몇 가지 수정하면 더 좋은 결과가 나올 것 같아."

긍정적 피드백과 건설적 피드백의 균형 유지하기

피드백이 효과적으로 작용하려면 긍정적인 피드백과 건설적인 피드백이 조화를 이루어야 합니다.

긍정적 피드백(70%)은 상대방이 자신의 강점을 인식하고, 동기를 얻을 수 있도록 충분한 인정을 제공합니다.

건설적 피드백 (30%)은 개선해야 할 점 명확히 전달하고, 구체적인 발전방향을 제시합니다

"이번 보고서에서 자료 정리가 체계적이라 이해하기 쉬웠어. 다만, 결론 부분에서 핵심 메시지가 조금 더 강조되면 좋겠어. 하지만 전반적으로 정말 꼼꼼하게 작성한 게 느껴졌어!"

이처럼 피드백을 균형 있게 조절하면 상대방이 긍정적인 마음으로 피드백을 받아들이고 발전할 수 있습니다.

효과적인 피드백이 조직과 개인에게 미치는 영향

올바른 피드백 문화는 개인의 성장뿐만 아니라 조직 전체의 성과를 높이는 데 중요한 역할을 합니다.

✔ 개인의 성장 촉진

자신의 강점을 파악, 개선해야 할 점을 보완하는 기회를 제공합니다.

✔ 조직의 생산성 향상

피드백이 원활한 조직은 소통이 개선되며, 목표 달성이 쉬워집니다.

✔ 신뢰와 존중 강화

효과적인 피드백으로 조직 내 신뢰가 높아지고, 상호 존중이 강화됩니다.

✔ 건강한 피드백 문화 형성

피드백을 성장의 기회로 받아들여지는 문화가 조성될 수 있습니다.

긍정적 피드백과 건설적 피드백은 상호 보완적인 역할을 하며, 균형 있게 활용될 때 가장 효과적입니다. 구체적인 칭찬과 즉각적인 피드백을 통해 긍정적인 행동을 강화하고, 건설적인 피드백을 통해 발전할 기회를 제공하는 것이 중요합니다.

또한, 상대방의 성향과 상황을 고려하여 적절한 방식으로 전달하면, 피드백이 더욱 효과적으로 작용할 수 있습니다. 올바른 피드백 문화는 개인과 조직이 함께 성장하는 중요한 요소임을 기억해야 합니다.

비판과 인정의 균형 유지하기

성장을 위한 인정과 비판의 조화

인정은 동기부여 강화, 비판은 개선과 성장 기회를 제공한다.

이상적 비율은 인정 5: 비판 1로 자존감과 수용성을 높인다.

비판 시 감정을 배제하고 사실·행동 중심으로 전달해야 한다.

샌드위치 기법: 긍정 → 비판 → 격려 순으로 수용성을 높인다.

상황과 상대방 성향에 맞게 조절하면 건강한 피드백 문화가 형성된다.

긍정적 피드백과 건설적 피드백의 실천법

긍정적 피드백: 즉각적·구체적으로 전달해 행동을 강화한다.

건설적 피드백: 해결책을 포함하면 수용성과 개선이 높아진다.

긍정 70%·건설적 30%의 균형이 지속적 동기와 발전을 이끈다.

비판은 사적으로, 인정은 공개적으로 전달하면 신뢰가 강화된다.

정착된 피드백 문화는 개인 성장과 조직 성과 향상에 기여한다.

PART 6

디지털 시대의 인정과
피드백 활용법

디지털 환경이 발전함에 따라 인정과 피드백의 방식도 변화하고 있습니다. 과거에는 대면 대화를 통한 피드백이 일반적이었지만, 현재는 온라인 플랫폼을 활용한 즉각적이고 다채로운 방식이 주목받고 있습니다. 원격 근무와 비대면 협업이 확대되면서 디지털 환경에서의 인정이 더욱 중요한 요소로 자리 잡고 있습니다. 효과적인 디지털 피드백은 개인과 조직의 성장뿐만 아니라, 긍정적인 협업 문화를 형성하는 데에도 중요한 역할을 하게 됩니다.

▍온라인환경에서 인정과 피드백을 활용하는 법

디지털 환경에서의 인정 방식

디지털 시대의 인정은 온라인 협업 도구, 소셜 미디어, 이메일,

화상 회의 등을 활용하며, 신속성과 접근성이 강조됩니다.

✔ 즉각적인 피드백과 인정

팀 메신저에서 간단한 칭찬 메시지를 보내거나, 프로젝트 관리 툴에서 팀원의 기여도를 강조하는 코멘트를 추가하는 방식이 효과적입니다.

✔ 공개적인 인정과 피드백

회사 내부 게시판이나 주간 회의에서 팀원들의 성과를 공식적으로 언급하여 긍정적인 조직 문화를 조성할 수 있습니다.

✔ 소셜 미디어를 통한 인정

LinkedIn과 같은 SNS에서는 직원의 성과를 공유하고 태그하여 조직 차원에서 인정하는 방식이 활용되고 있습니다.

디지털 피드백의 효과적인 활용법

온라인 피드백 시스템은 편리하지만, 무분별한 자동화는 진정성을 떨어뜨릴 수 있습니다. 따라서 다음과 같은 요소를 고려하여 디지털 피드백을 효과적으로 운영하는 것이 중요합니다.

✔ 개인화된 피드백 제공

반복적인 자동 메시지보다는, 개인의 특성과 기여도를 반영한 맞춤형 피드백이 신뢰를 형성하는 데 유리합니다.

✔ 비대면 환경에서의 소속감 유지

원격 근무 환경에서는 온라인 칭찬 세션, 디지털 감사 카드, 배지 시스템 등을 활용하여 팀원 간의 신뢰를 구축할 수 있습니다.

✔ 적절한 피드백 전달 방식 선택

인정은 공개적인 방법이 효과적인 반면, 비판적 피드백은 1:1 메시지나 사적인 공간에서 전달하는 것이 적절합니다.

댓글, 리뷰, 개인 메시지를 활용한 인정 기술

디지털 환경에서는 댓글, 리뷰, 개인 메시지 등의 도구를 통해 효과적으로 상대방을 인정하고 격려할 수 있습니다.

✔ 댓글을 활용한 인정

단순한 반응보다는 상대방의 기여를 구체적으로 짚어주는 것이 중요합니다. 예를 들어, *"좋아요!"* 보다는 *"이번 글에서 제시한 해결책이 실용적이네요."* 와 같은 구체적인 피드백이 더 의미 있는 인정이 됩니다.

✔ 리뷰를 통한 인정

제품이나 서비스에 대한 긍정적인 피드백은 브랜드 신뢰도를 높이는 데 기여할 수 있으며, 신뢰를 바탕으로 한 건설적인 피드백 제공도 중요합니다.

✔ 개인 메시지를 활용한 격려

사적인 메시지는 공개적인 칭찬보다 더 깊은 감동을 줄 수 있습니다. 상대방의 노력을 인정하고 감사의 메시지를 보내는 것이 신뢰 형성에 큰 영향을 미칩니다.

"오늘 발표 정말 인상적이었어. 네가 얼마나 준비했는지 느껴졌고, 설명도 명확했어."

"이번 프로젝트에서 네가 도와준 덕분에 원활하게 진행할 수 있었어. 진심으로 고마워!"

"너의 창의적인 접근 덕분에 우리가 새로운 가능성을 찾을 수 있었어. 네 노력을 인정하고 싶어."

디지털 환경에서 인정 문화를 조성하는 방법

디지털 시대에서는 조직 차원에서 인정 문화를 형성하는 것이 더욱 중요합니다.

✔ 팀 내 인정 문화 정착

사내 '칭찬 채널' 운영, 정기적인 피드백 세션 마련, 온라인 포털에서 동료 간 긍정적인 피드백 공유 등의 방법이 있습니다.

✔ 소셜 미디어 활용

창작자에게 적극적인 댓글과 리뷰 남기기, 유용한 콘텐츠 공유, 브랜드 및 서비스에 대한 정중한 피드백 전달 등을 통해 인정 문화를 확산할 수 있습니다.

디지털 환경에서는 단순한 반응을 넘어서 진정성 있는 피드백을 제공하는 것이 중요합니다. 이를 통해 개인과 조직 모두 지속적인 성장과 발전을 이룰 수 있으며, 신뢰와 협업을 강화하는 데 긍정적인 영향을 미칠 수 있습니다

효과적인 디지털 피드백 활용법

온라인환경에서 인정과 피드백을 활용하는 법

개인화된 피드백이 자동화보다 신뢰와 소속감을 높인다.

댓글·리뷰·개인 메시지는 구체성과 진정성을 담아야 한다.

칭찬 채널 운영과 정기 피드백은 인정 문화 정착에 기여한다.

진정성 있는 피드백은 협업 강화와 지속적 성장을 촉진한다.

PART 7

진정성 있는
인정을 위한 실천 훈련

진정성 있는 인정은 단순한 칭찬을 넘어 상대방의 노력을 깊이 이해하고, 의미 있는 방식으로 표현하는 과정입니다. 이를 효과적으로 실천하려면 체계적인 연습을 통해 인정의 기술을 습관화하는 것이 중요합니다. 아래에서는 구체적인 훈련 방법을 소개하며, 일상과 직장에서 쉽게 실천할 수 있는 방법을 제안합니다.

| 꾸준한 연습으로 만드는 진정성 있는 인정

진정성 있는 인정을 위한 핵심 원칙

연습을 시작하기 전에, 효과적인 인정을 위해 다음의 네가지 원칙을 숙지해야 합니다.

✔ 구체성

막연한 칭찬이 아닌 상대방의 행동이나 기여를 정확히 짚어야 합니다.

✔ 진정성

의례적 표현이 아닌 상대의 노력을 진심으로 공감하고 전달해야 합니다.

✔ 적시성

인정은 가능하면 즉시 전달되어야 하며, 타이밍은 중요한 요소가 됩니다.

✔ 개별화

모든 사람에게 동일한 피드백을 제공하기보다, 상대방의 성향과 상황에 맞게 조정해야 합니다.

이러한 원칙을 바탕으로 다양한 연습 활동을 실천하면 인정의 효과를 극대화할 수 있습니다.

실천 활동

활동 1: 하루 한 번 의미 있는 피드백 제공하기

항 목	내 용
목 표	하루 한 번 의미 있는 인정을 실천하는 습관 기르기
방 법	- 주변 동료, 가족, 친구 중 한 명을 선택 - 세심하게 관찰 후, 긍정적인 점을 찾아 피드백 - 단순 칭찬보다 상대방의 노력과 기여를 명확하게 전달
예 시	"오늘 네가 동료들에게 먼저 다가가서 도와준 모습이 인상적이었어. 덕분에 분위기가 훨씬 좋아졌어!"

활동 2: 감사 일기 작성하기

항 목	내 용
목 표	매일 감사한 순간을 기록하여 긍정적인 피드백 실천
방 법	- 하루 동안 감사하거나 인정하고 싶은 순간을 기록 - 사건 나열이 아닌 감사한 이유를 구체적으로 작성 - 작성한 내용을 바탕으로 다음 날 실제 피드백 전달
예 시	"오늘 동료가 업무를 도와줘서 예상보다 빨리 마무리할 수 있었다. 다음에 기회가 되면 나도 도움을 주고 싶다."

활동 3: 긍정과 개선을 균형 있게 전달하기

항 목	내 용
목 표	상대방의 장점을 강조하면서, 발전방향을 제시하는 연습
방 법	- 긍정적인 점 언급 후, 개선할 점을 부드럽게 전달 - 상대방이 수용하기 쉬운 방식으로 표현하며, 성장의 기회를 제공하는 형태로 언급
예 시	"이번 기획안에서 참신한 아이디어가 많았어. 만약 핵심 내용을 좀 더 간결하게 정리하면 더 효과적일 것 같아."

활동 4: 팀 내 칭찬 릴레이 만들기

항 목	내 용
목 표	조직이나 팀에서 인정하는 문화를 자연스럽게 확산
방 법	- 한 명이 팀원에게 칭찬과 인정을 표현 - 칭찬받은 사람이 다른 사람에게 긍정적인 피드백을 전달 - 채팅방, 이메일, 회의 등을 활용, 다양한 방식으로 적용

항 목	내 용
예 시	*"B가 이번 보고서에서 새로운 자료를 추가해 준 덕분에 더 설득력 있는 결과가 나왔어. 네 기여를 인정하고 싶어!"*

활동 5: 피드백 시뮬레이션

항 목	내 용
목 표	실제처럼 연습, 효과적인 인정과 개선점 전달 준비
방 법	- 동료나 친구와 피드백 상황을 설정 후, 역할극 진행 - 긍정적인 피드백과 개선점을 포함하여 피드백 주고받기 - 상대의 반응을 통해 내 방식의 적절성 판단 및 개선
예 시	- 팀원이 프로젝트를 예상보다 빠르게 완료했을 때 - 동료가 실수를 했지만, 빠르게 해결하려고 노력했을 때 - 신입 직원이 업무를 진행하며 시행착오를 겪었을 때

인정 훈련 후 효과 점검하기

연습 활동을 통해 상대방의 반응을 관찰하고, 자신의 피드백 방식을 지속적으로 개선하는 것이 중요합니다.

✔ 반응 관찰하기

상대방이 인정받은 후 표정과 태도가 긍정적으로 변화하는지 살펴봅니다. 피드백을 받았을 때 상대방이 더 적극적으로 참여하거나, 동기부여가 되는지를 확인합니다.

✔ 개선할 점 파악하기

상대방이 피드백을 방어적으로 받아들이는 경우, 전달 방식을 조정해야 합니다. 구체성이 부족하거나 형식적인 표현이 많았다면, 더욱 개인화된 피드백을 제공하도록 수정합니다.

✔ 성공 경험 기록하기

긍정적인 피드백이 효과적으로 작용한 사례를 기록하면, 자신감을 높이고 지속적인 실천을 유도할 수 있습니다. 피드백을 통해 상대방의 태도가 긍정적으로 변화한 사례를 바탕으로 더 효과적인 인정 방식을 찾아갑니다.

진정성 있는 인정은 단순한 칭찬이 아니라 상대방의 가치를 제대로 알아보고, 이를 의미 있게 표현하는 과정입니다. 꾸준한 연습을 통해 구체적이고 진심 어린 피드백을 제공하면, 상대방의 자신감을 높이고 긍정적인 변화를 이끌어낼 수 있습니다. 다양한 연습 활동을 실천하며, 일상 속에서 자연스럽게 인정하는 문화를 정착시켜 보세요.

3부

인정이 만든
변화사례

· ·

놀라운 변화들

PART 1

직장에서의 변화

인정은 단순한 칭찬을 넘어, 개인과 조직에 긍정적인 변화를 이끌어낼 수 있는 중요한 요소입니다. 이는 개인의 성장뿐만 아니라 팀워크 강화, 조직 내 갈등 해소 등 다양한 방식으로 나타납니다. 특히 직장에서의 인정 문화는 업무 효율성을 높이고, 동기부여를 촉진하며, 건강한 조직 문화를 조성하는 데 필수적인 역할을 수행합니다. 다음은 직장에서의 인정이 가져온 실질적인 변화를 살펴본 사례입니다.

| 직장에서의 인정이 만드는 긍정적 변화

직원의 성장과 자신감 향상

신입 직원 A는 입사 초기 적응에 어려움을 겪으며 자신감이 부족한 모습을 보였습니다. 작은 실수에도 위축되었고, 자신의 역량에 대한 확신이 부족해 보였습니다. 하지만 팀장은 A가 보여주는 노력과 개선점을 꾸준히 인정하며 긍정적인 피드백을 제공했습니다.

팀장: *"A, 이번 보고서에서 핵심 내용을 짧고 명확하게 정리한 점이 인상적이었어. 이런 방식은 앞으로도 유용할 거야. 다음에도 이 접근법을 활용해 보면 좋겠어."*

이처럼 세부적인 강점을 짚어주는 피드백을 반복적으로 받은 A는 점점 자신감을 회복하고, 업무에 적극적으로 참여하기 시작했습니다. 시간이 지나면서 더 중요한 프로젝트를 자발적으로 맡았고, 조직 내에서도 신뢰받는 인재로 성장했습니다. 이 사례는 인정이 개인의 동기부여와 업무 몰입도를 높이는 데 얼마나 중요한 역할을 하는지 보여줍니다.

팀워크와 협업 강화

팀 내에서 의견을 잘 내지 않던 직원 B는 회의에서도 조용한 편이었습니다. 어느 날, 회의에서 팀장이 그의 의견을 공개적으로 인정하며 팀 내에서 중요한 역할을 하고 있음을 강조했습니다.

팀장: *"B, 네가 제안한 접근 방식은 고객 중심의 사고를 반영한 점에서 정말 신선해. 우리가 고려하지 못한 부분을 보완하는 좋은 아이디어였어."*

이 말을 들은 B는 자신이 팀에 실질적인 기여를 할 수 있다는 확신을 가지게 되었고, 이후 회의에서 더욱 적극적으로 의견을 개진하며 아이디어를 공유하기 시작했습니다. 팀원들도 B의 의견을 경청하고 피드백을 주는 방식으로 협업이 활성화되었습니다.

이 사례는 인정이 개인뿐만 아니라 팀 전체의 분위기를 변화시키며, 보다 창의적이고 능동적인 협업 환경을 조성할 수 있음을 보여줍니다.

갈등 해소와 관계 개선

업무 환경에서 의견 충돌은 피할 수 없는 일이지만, 서로의 기여를 인정하는 과정은 갈등을 완화시키고 관계를 개선하는 데 중요한 역할을 합니다.

프로젝트를 진행하던 중 C와 D는 실행 방식에 대해 의견이 엇갈렸고, 결국 갈등이 발생했습니다. 이에 팀장은 두 사람을 중재하며, 서로가 프로젝트에 기여한 부분을 인정하는 자리를 마련했습니다.

팀장: *"C, 초기에 네가 제시한 전략 덕분에 프로젝트의 방향이 명확해졌어. 그리고 D, 네가 세부 계획을 체계적으로 정리한 덕분에 우리가 예상보다 원활하게 진행할 수 있었어. 두 사람의 노력이 조화를 이루었기에 여기까지 올 수 있었다고 생각해."*

이러한 피드백을 들은 C와 D는 서로의 강점을 다시 인식하게 되었고, 이후 더욱 원활한 협업이 가능해졌습니다. 결국, 두 사람은 각자의 역할을 인정하고 조율하면서 더 효과적인 업무 방식을 찾게 되었습니다. 이 사례는 인정이 단순한 칭찬이 아니라, 갈등을 조정하고 팀원 간 신뢰를 회복하는 데 중요한 역할을 한다는 것을 보여줍니다.

조직 문화의 긍정적 변화

인정이 활성화된 조직에서는 직원들의 동기부여와 소속감이 강화됩니다. 개개인의 노력이 가시적으로 인정받을 때, 직원들은 자신의 역할이 중요하다고 느끼고 업무에 더욱 몰입하게 됩니다.

항목	내용
피드백 문화	팀원들이 서로의 기여를 인정하며 건설적인 피드백을 주고받는 환경이 조성됨
만족도 향상	지속적 인정은 직원들의 성과를 긍정적으로 평가받는 경험을 늘려, 조직에 대한 만족도를 높이는 데 기여함
생산성 증가	인정이 지속적으로 이루어지는 팀은 주도적으로 업무를 수행하고, 창의적인 아이디어를 적극적으로 제안함

인정은 단순한 개인 차원의 변화에 그치지 않고, 조직 전체의 성과와 분위기를 개선하는 데 결정적인 영향을 미칠 수 있습니다.

직장에서의 인정은 단순한 칭찬을 넘어, 직원의 성장과 팀워크 강화, 조직 문화 개선까지 다양한 변화를 이끌어낼 수 있습니다. 특히 구체적이고 진정성 있는 인정은 개인의 자신감을 높이고, 협업의 질을 향상시키며, 조직 내 긍정적인 분위기를 조성하는 데 필수적인 요소입니다.

직장 내에서 인정의 문화를 정착시키려면, 단순한 결과 중심의 평가가 아니라 과정과 노력을 인정하는 태도가 필요합니다. 이를 통해 직원 개개인의 동기부여를 높이고, 팀과 조직 전체가 함께 성장할 수 있는 기반을 마련할 수 있습니다.

이제 여러분의 조직에서는 어떻게 '인정'을 실천할 것인지 고민해 보시기 바랍니다. 작은 피드백 하나가 직원의 자신감을 키우고, 팀워크를 강화하며, 조직 문화를 변화시키는 강력한 힘이 될 수 있습니다.

| 팀원의 사기를 올린 리더의 사례

한 IT 기업의 팀장 E는 최근 팀원들이 의욕을 잃고 업무에 대한 동기가 저하된 상황을 직면하게 되었습니다. 연이어 발생한 프로젝트 난항과 과중한 업무 부담으로 인해 팀원들은 자신감을 잃어가고, 협업의 시너지 또한 크게 감소한 상태였습니다. 이를 해결하기 위해 E는 팀원들의 기여를 구체적으로 인정하고, 조직 내 긍정적인 분위기를 회복하는 전략을 실행했습니다.

E는 단순한 격려가 아닌, 팀원 개개인의 기여를 세밀하게 분석하고 이를 공개적으로 인정하는 방식으로 접근했습니다. 그는 팀 미팅에서 팀원들이 해낸 일들을 되짚으며, 각자의 강점을 강조하는 대화를 이끌었습니다.

사례. 팀 미팅에서의 대화

팀장 E: "이번 프로젝트가 기대만큼의 성과를 내지 못했다는 점, 충분히 이해하고 있어. 하지만 우리가 이 과정에서 얻은 것들이 분명히 있고 이를 통해 성장할 기회로 삼았으면 해. 먼저, F, 네가 프로젝트 초기에 데이터를 철저하게 분석하고, 전략적 방향성을 설정하는 데 중요한 역할을 했어. 네 분석이 없었다면, 출발부터 어려웠을 거야."

팀원 F: "감사합니다, 팀장님. 결과적으로 성공하지 못해서 아쉽습니다."

팀장 E: "맞아, 누구나 아쉬움을 느낄 수 있는 상황이지. 하지만 중요한 건, 네가 보여준 분석 능력이 프로젝트의 핵심 기반이 되었다는 거야. 앞으로도 네가 이런 역량을 더욱 발전시킨다면, 다음 프로젝트에서 훨씬 더 큰 성과를 낼 수 있을 거야."

팀장 E: "그리고 G, 네가 고객과의 커뮤니케이션을 담당하면서 정말 중요한 정보를 확보했어. 덕분에 고객이 우리를 신뢰하게 되었고, 프로젝트 진행 과정에서 유용한 피드백도 얻을 수 있었어. 네가 아니었다면 이렇게 원활한 소통이 어려웠을 거야."

팀원 G: "그렇게 봐주셔서 감사합니다. 고객과의 소통이 쉽지 않았지만, 팀이 잘 협력해줘서 가능했던 것 같아요."

팀장 E: "네 노력 덕분이 컸어. 마지막으로, H, 네가 팀원들 사이에서 의견을 조율하며 협업을 이끈 점을 높이 평가하고 싶어. 프로젝트가 중간에 흔들릴 뻔한 순간도 있었지만, 네가 중재하며 팀이 하나로 움직일 수 있도록 해준 덕분에 끝까지 잘 마무리할 수 있었어. 너의 이런 리더십은 앞으로도 팀에 큰 자산이 될 거라고 생각해."

팀원 H: "감사합니다, 팀장님. 솔직히 저도 과정에서 고민이 많았지만, 팀이 함께 노력한 덕분에 끝까지 해낼 수 있었던 것 같아요."

팀장 E: "맞아, 우리는 모두 함께 이 프로젝트를 진행한 팀이야. 이번 경험을 통해 얻은 교훈들을 활용해서 다음 프로젝트에서는 더 나은 결과를 만들어보자. 오늘 회의에서는 앞으로의 방향성을 논의하면서, 각자의 아이디어를 자유롭게 나누는 시간을 가져보도록 하자."

팀원의 반응과 변화

이 대화 이후, 팀원들은 자신의 기여가 단순히 역할 수행에 그치는 것이 아니라, 팀 전체의 성과에 실질적인 영향을 미쳤다는 점을 실감하게 되었습니다. 특히, 팀장이 단순한 결과 평가가 아니라, 과정 속에서 각자의 기여를 인정하고 피드백을 제공한 점이 팀원들에게 큰 동기부여가 되었습니다.

팀 원	팀장의 피드백으로 인한 팀원들의 변화
팀원 F	자신의 분석력이 중요한 역할을 한다는 확신을 가지게 되었고, 전략 기획 과정에서 더욱 적극적으로 의견을 개진함
팀원 G	고객과의 소통이 프로젝트 성공의 중요한 요소임을 깨닫고, 고객 피드백을 수집하는 방법을 더욱 정교하게 개선함
팀원 H	협업과 조율의 역할이 필수적이라는 점을 인식하고, 팀원 간 조율을 능동적으로 수행하며 신뢰를 쌓음

이러한 변화를 통해 팀원들은 점차 자신감을 회복했고, 이후 프로젝트에서도 주도적으로 아이디어를 제안하고 협업을 강화하는 모습을 보였습니다.

리더의 인정이 조직에 미치는 영향

이 사례는 리더의 인정과 피드백이 단순한 사기 진작을 넘어, 팀의 성장과 협력을 촉진하는 중요한 요소임을 잘 보여주고 있습니다. 특히, 효과적인 인정이 이루어졌을 때 다음과 같은 긍정적인 변화를 기대할 수 있게 됩니다.

✔ 자신감 회복 및 동기부여

자신의 기여가 조직 내에서 중요한 역할을 하고 있음을 깨달은 직원들은 더욱 적극적으로 업무에 몰입하게 됩니다.

✔ 팀워크 및 협업 강화

동료의 기여를 인정하는 문화가 형성되면서, 협업이 원활해지고 시너지가 극대화됩니다.

✔ 건강한 피드백 문화 정착

단순한 결과 평가가 아니라 과정에서의 노력과 성장을 인정하는 문화가 자리 잡으면서, 팀원들은 새로운 도전을 두려워하지 않게 됩니다.

✔ 조직 내 신뢰 형성

인정과 피드백이 투명하게 이루어질 때, 팀원들은 리더를 신뢰하고 조직 내에서 더욱 주도적인 역할을 맡게 됩니다.

이 사례를 통해 우리는 단순한 성과 평가를 넘어, 과정 속에서의 기여를 구체적으로 인정하는 것이 조직 문화에 얼마나 긍정적인 영향을 미치는지 확인할 수 있게 됩니다. 리더가 팀원들의 노력을 세밀하게 관찰하고, 이를 진정성 있게 인정할 때 팀원들은 더욱 주체적으로 업무를 수행하며 조직의 성과 향상에 기여할 수 있습니다.

리더십에서 가장 중요한 것은 단순한 결과를 평가하는 것이 아니라, 팀원들이 성장하고 발전할 수 있도록 돕는 것입니다. 팀장의 인정과 격려가 단순한 말 한마디에 그치는 것이 아니라, 조직 전체의 문화를 변화시키는 강력한 도구가 될 수 있음을 기억해야 합니다.

▎인정이 조직 문화를 바꾼 이야기

한 중소기업은 직원간의 협업이 원활하지 않고, 조직 내 사기가 저하되면서 생산성에도 부정적인 영향을 받고 있었습니다. 직원들은 자신의 노력이 제대로 평가받지 못하고 있다고 느꼈으며, 팀원들 간 신뢰도 점차 약해지고 있는 상황이었습니다. 이러한 문제를 해결하기 위해 새롭게 부임한 CEO는 '인정을 조직 문화의 핵심 가치로 삼자'는 결정을 내렸습니다. 그는 인정과 피드백이 단순한 개인적인 동기부여를 넘어서 조직 전체의 성장과 협업을 촉진하는 요소가 될 것이라고 믿었습니다.

이에 따라, 회사는 전사적인 인정 프로그램을 도입하고, 직원들이 서로의 기여를 자연스럽게 인정할 수 있는 환경을 조성하기 위해 다양한 제도를 마련했습니다.

'인정의 날' 도입

회사는 매월 마지막 주 금요일을 '인정의 날'로 지정하여, 모든 팀이 한자리에 모여 서로의 성과를 공유하고 칭찬하는 시간을 갖도록 했습니다. 이 시간에는 관리자뿐만 아니라 직원들 간에도 자유롭게 피드백을 주고받으며, 크고 작은 성취를 함께 축하하는 분위기를 조성했습니다.

한 직원은 이 자리에서 동료의 기여를 강조하며 다음과 같이 말했습니다.

직원 A: *"이번 달 우리 팀이 목표를 달성할 수 있었던 건 B의 데이터 분석 덕분이었어요. 데이터를 정리하고 활용할 수 있도록 도와줘서 정말 큰 도움이 됐어요. 덕분에 의사결정도 훨씬 쉬웠습니다."*

이러한 상호 인정이 반복되면서 팀원들은 서로의 노력을 더욱 존중하게 되었고, 조직 내 유대감도 강해졌습니다.

1:1 피드백 세션 활성화

각 팀장은 정기적인 1:1 피드백 세션을 도입하여, 개별 직원의 기여를 구체적으로 인정하고 개선 방향을 논의하는 시간을 가졌습니다. 이를 통해 직원들은 자신이 어떤 부분에서 강점을 발휘했는지 명확히 이해하고, 발전할 수 있는 기회를 발견할 수 있었습니다.

예를 들어, 한 팀장은 직원의 고객 대응 능력을 높이 평가하며 이렇게 피드백 했습니다.

팀장: *"이번 프로젝트에서 고객 대응을 훌륭하게 해줬어. 특히, 예상치 못한 문제를 신속하게 해결하고 고객 만족도를 높인 점이 정말 인상적이었어. 이런 능력은 우리 팀의 경쟁력을 높이는 중요한 요소야."*

이러한 개별 피드백이 자리 잡으면서, 직원들은 자신의 기여가 회사 내에서 가치를 인정받고 있다는 확신을 가지게 되었고, 더 큰 책임감을 가지고 업무에 임하게 되었습니다.

성과 공유 플랫폼 구축

회사는 사내 인트라넷에 '성과 공유 게시판'을 신설하여, 직원들이 자신이 기여한 프로젝트나 성취를 자유롭게 공유할 수 있도록 했습니다. 또한, 동료들이 댓글을 남기거나 '좋아요' 버튼을 눌러 서로를 격려하는 방식으로, 자연스럽게 인정이 이루어질 수 있는 시스템을 마련해주었고, 이러한 온라인 플랫폼은 바쁜 업무 속에서도 직원들이 동료들의 기여를 쉽게 확인하고 인정할 수 있도록 돕는 역할을 했습니다. 작은 성취도 조직 전체가 함께 기뻐할 수 있는 분위기가 형성되면서, 직원들의 동기부여 수준이 크게 향상되었습니다.

6개월 후, 조직 문화의 변화

이러한 변화가 도입된 지 6개월 후, 조직 내 분위기는 완전히 달라졌습니다. 직원들은 자신의 노력이 존중받고 있다는 확신을 가지게 되었고, 자연스럽게 더 큰 책임감을 갖고 업무에 임하게 되었습니다. 또한, 서로의 성장을 돕는 피드백 문화가 자리 잡으면서 팀워크와 협업이 활성화되었으며, 결과적으로 생산성과 직원 만족도 모두 크게 향상되었습니다. 한 직원은 이러한 변화를 실감하며 다음과 같이 소감을 전했습니다.

직원 C: "처음에는 이런 변화가 정말 효과가 있을까 반신반의했어요. 하지만 지금은 인정이 우리 회사의 새로운 활력소가 된 것 같아요. 이제는 서로 칭찬하고 격려하는 일이 자연스럽게 자리 잡았어요."

이러한 사례는 '작은 인정이 조직 전체의 분위기와 생산성을 변화시킬 수 있다'는 사실을 분명히 보여줍니다. 직원 개개인의 기여를 소중히 여기고 이를 표현하는 과정은 단순한 사기 진작을 넘어, 기업의 지속 가능한 성장과 협업 문화 구축에 필수적인 요소가 될 수 있습니다. 이 사례를 통해 우리는 인정이 개인의 동기부여뿐만 아니라, 조직 전체의 문화와 성과를 변화시키는 강력한 요소임을 확인할 수 있습니다. 작은 변화에서 시작된 인정 문화는 시간이 지나면서 조직 전체의 분위기를 변화시키고, 긍정적인 영향력을 확장해 나갑니다. 인정이 단순한 칭찬에 그치는 것이 아니라, 조직의 성공을 이끄는 중요한 전략적 요소임을 잊지 말아야 할 것입니다.

직장에서의 변화

직장에서의 인정이 만드는 긍정적 변화

인정은 직원의 자신감과 동기부여를 높여 개인 성장을 촉진한다.

구체적 인정은 팀워크와 협업을 강화한다.

서로의 기여 인정은 갈등 해소와 신뢰 회복에 효과적이다.

지속적 인정 문화는 업무 만족도와 생산성을 높인다.

과정 중심의 인정은 직원 몰입도와 조직의 긍정적 변화를 이끈다.

인정이 조직 문화에 미치는 영향

리더의 진정성 있는 인정은 팀 사기와 협업을 활성화한다.

정기적 피드백과 공개적 인정은 책임감과 참여를 높인다.

성과 공유 시스템은 소속감과 동기부여를 강화한다.

인정 문화 정착은 직원 만족도와 생산성 개선으로 이어진다.

작은 인정 실천이 조직 전체 분위기와 성과를 변화시킨다.

PART 2

가정에서의 변화

　가정에서 부모가 자녀를 대하는 방식은 아이의 자존감과 행동에 큰 영향을 끼치게 됩니다. 단순한 결과 중심의 칭찬보다는 과정과 노력을 인정하는 태도가 자녀의 성장과 자신감 형성에 중요한 역할을 하게 되며, 부모가 작은 성취를 인정하는 태도를 실천했을 때, 가정 내 분위기가 긍정적으로 변화되고 자녀의 학습 태도, 사회성, 자기효능감이 향상되는 모습도 보였습니다.

┃ 인정이 만드는 가정의 긍정적 변화

학습 태도의 변화
　부모는 자녀의 성적뿐만 아니라 노력과 학습 과정 자체를 인정하는 방식으로 피드백을 바꿔보았습니다.

기존 방식

"이번 시험에서 몇 점 받았어?"

변경 후 피드백

"이번 시험 준비하느라 정말 애썼지? 집중하는 모습을 보며 네 노력이 얼마나 컸는지 알겠어."

이러한 변화를 통해 자녀는 실패를 두려워하기보다 학습을 성장 과정으로 받아들이게 되었으며, 스스로 목표를 설정하고 자기주도적으로 학업에 임하기 시작했습니다.

사회성 발달

부모는 자녀가 친구 관계에서 긍정적인 역할을 했을 때 이를 인정해 주었습니다.

"네가 친구의 이야기를 끝까지 들어주고 먼저 사과하려 한 점이 정말 대단하다고 생각해. 이런 태도가 좋은 친구를 만드는 중요한 요소야."

이러한 피드백을 통해 자녀는 자신의 태도가 또래 관계에서 긍정적인 영향을 미친다는 점을 인식하고, 대인관계에서 더 적극적인 모습을 보이기 시작했습니다.

자기효능감 향상

부모는 학업뿐만 아니라 집안일이나 취미 활동에서의 역할도 인정해 주었습니다.

"책장을 이렇게 깔끔하게 정리하다니! 네가 스스로 한 일이라 더 의미 있는 것 같아. 이런 책임감 있는 모습이 참 자랑스러워."

이러한 인정을 통해 자녀는 자신의 행동이 가족과 주변 환경에 긍정적인 영향을 미칠 수 있다는 점을 깨닫게 되었으며, 자발적으로 집안일을 돕고 책임감을 가지는 태도로 변화하게 되었습니다.

가족 간 대화 증가 및 신뢰 형성

부모는 매일 저녁 가족 대화를 통해 서로의 노력을 인정하는 시간을 가졌습니다.

"어제 동생 숙제를 도와줘서 고마워. 동생이 기분 좋게 학교에 갔다더라."

이러한 대화가 반복되면서 가족 간 유대감이 강화되었고, 자녀는 부모와의 대화를 더욱 즐기게 되었습니다.

부모가 꾸준히 인정하는 태도를 실천한 결과, 자기주도적인 학습 습관이 형성되었고, 사회적 관계에서의 자신감이 증가했으며, 가정 내 역할 수행을 통해 책임감이 생겼습니다. 자녀 역시 자신의 노력이 가치 있다는 사실을 인식하게 되었고 성취감을 느끼기 시작했습니다. 자녀 교육에서 인정은 단순한 칭찬을 넘어, 아이의 자존감을 높이고 성장의 발판을 마련하는 중요한 요소로 작용합니다.

| 배우자와의 관계 회복을 이끈 작은 말들

결혼 생활이 지속될수록 배우자의 존재와 노력을 당연하게 여기기 쉽습니다. 이러한 태도는 점차 소통을 줄이고 관계를 소원하게 할 수 있습니다. 그러나 사소한 인정과 칭찬이 쌓이면, 관계를 다시 따뜻하게 만들어주고 신뢰를 회복하는 데 큰 역할을 합니다. 배우자의 노력과 감정을 존중하며 작은 변화를 시도했을 때, 부부 관계가 어떻게 개선될 수 있는지 살펴보겠습니다.

첫번째, 배우자의 일상적인 수고를 당연하게 여기지 않고, 이를 구체적으로 언급하며 감사를 표현하는 것은 관계를 회복하는 첫걸음이 됩니다.

M: *"아침부터 아이들 챙기느라 고생 많았지? 네가 늘 신경 써서 준비해 주는 덕분에 아이들이 편안하게 하루를 시작하는 것 같아. 고마워."*

이처럼 배우자의 노력에 대한 사소한 인정은 상대방에게 '내가 하는 일이 의미가 있구나'라는 느낌을 주고, 소통의 문을 여는 역할을 합니다.

두번째, 배우자가 힘든 시기를 겪고 있을 때, 그 노력을 이해하고 공감하며 인정하는 말 한마디는 큰 위로가 될 수 있습니다.

M: *"요즘 많이 바쁜데도 가족들과 함께하려고 노력하는 모습이 정말 멋져. 그런 너를 보면 나도 더 힘이 나."*

이런 말은 배우자가 자신의 존재와 노력이 중요하게 여겨지고 있다는 확신을 갖게 해주며, 서로의 신뢰를 강화하는 계기가 됩니다.

세번째, 부부 사이에서는 갈등이 불가피하지만, 문제 해결 방식에 따라 관계의 방향이 달라질 수 있습니다. 감정적인 대립보다는 상대방의 입장을 이해하는 태도가 필요합니다.

M: "오늘은 내가 감정적으로 말한 것 같아. 미안해. 네 입장에서 다시 생각해보니 충분히 그렇게 느낄 수도 있었겠더라."

진심 어린 사과와 인정은 상대방에게 '내 감정을 이해하려 노력하고 있구나'라는 신뢰를 심어주며, 갈등을 원활하게 해결할 수 있는 기회를 제공합니다.

네번째, 일상적인 패턴에서 벗어나 배우자에게 감사와 배려를 표현하는 것은 관계를 더욱 가깝게 만드는 중요한 요소입니다.

M: "네가 늘 우리 가족을 위해 애쓰는 걸 알면서도 표현이 부족했던 것 같아. 그래서 오늘 저녁은 내가 준비했어. 너도 좀 쉬어."

이처럼 작은 배려와 함께하는 감사의 표현은 배우자에게 '내가 존중받고 있구나'라는 따뜻한 감정을 선물합니다.

다섯번째, 부부가 공동으로 이루어낸 성취를 인정하고 칭찬하는 것은 협력과 신뢰를 더욱 강화하는 방법입니다.

M: "이번 프로젝트에서 네가 아이들과 시간을 더 많이 보내줘서 우리가 함께 좋은 결과를 낼 수 있었어. 네 역할이 정말 컸어."

N: "당신도 퇴근하자마자 적극적으로 도와줘서 고마워. 덕분에 우리 모두 만족스러운 결과를 얻을 수 있었어."

이러한 대화는 단순한 인정에서 나아가 '우리는 한 팀'이라는 유대감을 형성하는 데 도움을 줍니다.

작은 말들이 만들어낸 관계의 변화

M과 N은 사소한 말 한마디를 통해 서로의 존재를 다시 소중하게 여기게 되었으며, 부부 관계는 점차 긍정적으로 변하게 되었습니다. 일상적인 대화에서도 서로의 노력을 인정하는 습관을 들이며, 감정을 솔직하게 나누는 법을 배우게 되었습니다. 배우자와의 관계에서 인정은 거창한 것이 아니며 작은 말 한마디, 사소한 배려가 쌓일 때, 그것이 곧 신뢰와 애정이 됩니다. 서로의 노력을 알아보고 인정하는 습관을 들이면, 부부 관계는 더욱 건강하고 행복한 방향으로 나아갈 수 있게 됩니다.

가정에서의 변화

인정이 만드는 가정의 긍정적 변화

과정 중심의 인정은 자녀의 자기주도 학습과 자신감을 키운다.

긍정적 태도 인정은 사회성과 관계 능력 발달에 도움을 준다.

작은 역할 인정은 자녀의 책임감과 자기효능감을 높인다.

가족 간 대화와 인정은 신뢰와 유대감을 강화한다.

꾸준한 인정 실천이 자녀의 전반적 성장과 자존감 향상에 기여한다.

배우자와의 관계 회복을 이끄는 인정

일상 속 작은 노력 인정은 배려와 소통을 촉진한다.

감정 공감과 칭찬은 정서적 유대와 신뢰를 깊게 한다.

갈등 후 진심 어린 인정은 관계 회복에 효과적이다.

뜻밖의 감사 표현은 배우자에게 감동과 존중을 전한다.

공동 성취 축하는 협력과 파트너십을 강화한다.

PART 3

사회적 관계에서의 변화

인정은 단순한 칭찬을 넘어, 신뢰를 형성하고 관계를 깊게 만드는 중요한 요소입니다. 작은 기여를 인정하는 것만으로도 사람들의 태도가 변화하고, 더욱 적극적인 사회적 상호작용을 이끌어낼 수 있게 됩니다.

| 인정이 만들어내는 긍정적인 관계 변화

J의 사회적 관계 형성과정

J는 항상 대화에서 한 발짝 물러나 있던 사람이었지만, 처음으로 아이디어를 제안했을 때 친구들의 긍정적인 반응을 받으며 변화의 계기를 맞았습니다.

친구 A: "네 아이디어 정말 괜찮다! 덕분에 계획을 더 효율적으로 짤 수 있을 것 같아."

친구 B: "맞아, 이런 방식은 생각도 못 했는데 정말 좋은 접근이야!"

이러한 인정이 반복되면서 J는 자신의 의견도 가치가 있다는 확신을 가지게 되었고, 점차 대화에 적극적으로 참여하기 시작했습니다. 이후, J가 모임을 위해 자료를 준비했을 때, 친구들은 그의 노력을 인정해 주었습니다.

친구 A: *"오늘 네가 준비한 자료 덕분에 논의가 훨씬 원활했어. 이런 세심한 부분을 챙겨줘서 정말 고마워."*

이러한 인정은 J가 자신이 팀에 기여할 수 있다는 사실을 깨닫게 했고, 점점 더 모임에 적극적으로 참여하고 싶다는 동기를 부여했습니다. 그러던 중, J와 친구 C는 사소한 오해로 갈등을 빚었지만, 서로의 입장을 인정하며 화해할 수 있었습니다.

J: *"네가 이 모임을 얼마나 중요하게 생각하는지 나도 알아. 그런데 내가 그걸 충분히 고려하지 못했던 것 같아. 미안해."*

친구 C: *"나도 네가 최선을 다하고 있었다는 걸 알겠어. 우리 앞으로는 서로 조금 더 솔직하게 이야기하면서 맞춰가 보자."*

이 대화를 통해 두 사람은 오해를 해소하고 더욱 끈끈한 관계를 형성할 수 있었으며 마침내 J와 친구들은 함께 프로젝트를 성공적으로 마치게 되었고, 서로의 기여를 인정하며 축하했습니다.

친구 A: *"J, 네가 제안한 아이디어 덕분에 이번 프로젝트가 더 발전할 수 있었어. 너 없었으면 힘들었을 거야!"*

J: *"아니야, 우리가 다 같이 힘을 모았기 때문에 가능했던 거야. 다음에도 이*

렇게 협력해보자!"

서로의 노력을 인정하는 과정은 팀워크를 더욱 돈독하게 해주었고, J가 소속감을 가지는 계기가 되었습니다.

칭찬과 인정이 관계를 변화시키는 힘

칭찬과 인정은 친구 관계를 더욱 건강하고 긍정적으로 만들어 줄 수 있는 강력한 도구입니다. 사소한 행동을 인정하고 감사하는 태도는 신뢰와 친밀감을 형성하는 데 중요한 역할을 하게 됩니다.

친구의 작은 행동을 인정하며 긍정적인 관계 형성

M이 소풍 준비를 도왔을 때, L은 그의 배려를 그냥 지나치지 않고 감사를 표현했습니다.

L: "M, 네가 간식과 물까지 챙겨와 줘서 덕분에 모두 편하게 즐길 수 있었어. 세심하게 준비해줘서 정말 고마워."

이러한 인정은 M이 자신의 행동이 가치 있다는 것을 느끼게 해주었고, 이후에도 적극적으로 도움을 주고 싶다는 마음이 생겼습니다. L은 M의 장점을 단순한 칭찬이 아니라, 그의 성격과 관계에 미치는 긍정적인 영향까지 감안하여 표현했습니다.

L: "넌 항상 대화를 할 때 상대방 이야기를 끝까지 들어주는 게 참 좋아. 그래서 사람들이 너를 믿고 편하게 고민을 털어놓는 것 같아. 나도 너랑 이야기하면 마음이 편해져."

이러한 말은 M이 자신의 강점을 다시 인식하고 자존감을 높이는 계기가 되었으며, 두 사람의 관계는 더욱 깊고 신뢰하게 되었습니다. 그러나 곧 두 사람은 오해로 인해 잠시 다투게 되었지만, 감정적으로 대응하기보다 상대방의 긍정적인 부분을 인정하며 갈등을 해결했습니다.

L: *"어제 우리가 의견이 달라서 감정이 격해졌지만, 네가 내 이야기를 끝까지 들어주려고 했던 점은 정말 고맙게 생각해. 덕분에 나도 내 생각을 차분히 정리할 수 있었어."*

이러한 대화는 단순한 화해를 넘어, 서로를 더욱 존중하는 계기가 되었습니다.

이후로 L과 M은 함께 취미 활동을 하며 성과를 거두었고, 서로의 기여를 인정하며 성취감을 공유했습니다.

L: *"이번에 우리가 만든 작품 정말 멋져! 네가 색감 조합을 추천해준 덕분에 훨씬 완성도가 높아졌어."*

M: *"아니야, 네가 처음부터 좋은 아이디어를 제시해줘서 가능했던 거야. 다음에도 같이 도전해 보자!"*

이러한 인정은 두 사람의 관계를 더욱 탄탄하게 만들었습니다.

인정이 가져온 긍정적인 변화

작은 칭찬과 인정이 관계를 변화시키는 데 얼마나 큰 영향을 미치는지는 다양한 사례를 통해 알 수 있습니다. 친구 관계에서는 더욱 자연스럽게 칭찬과 인정을 주고받게 되고, 신뢰와 친밀감이 향상되며, 솔직한 대화가 많아지게 되어 서로를 격려하며 성장하는 관계가 형성됩니다. 칭찬과 인정은 친구 관계를 더욱 따뜻하고 건강하게 만들어가는 강력한 도구이며, 이를 꾸준히 실천할 때 신뢰와 유대감이 더욱 깊어질 수 있습니다.

사회적 관계에서의 변화

인정이 만들어내는 긍정적인 관계 변화

작은 인정은 자신감을 높여 사회적 참여를 촉진한다.

노력과 기여 인정은 소속감과 관계의 적극성을 강화한다.

긍정적 피드백은 갈등 해소와 신뢰 회복에 효과적이다.

공동 성취 인정은 유대감과 협력 의식을 깊게 한다.

꾸준한 인정은 친밀감과 솔직한 대화를 이끈다.

PART 4

실패를 인정하는 법

실패는 누구나 겪을 수 있는 과정이며, 이를 어떻게 받아들이고 활용하느냐가 개인과 조직의 성장에 중요한 영향을 끼치게 됩니다. 실패를 인정하는 것은 단순한 패배 수용이 아니라, 경험을 통해 배우고 더 나아지는 과정입니다. 건강하게 실패를 받아들이고 인정하는 방법을 구체적으로 살펴보겠습니다.

▌실패를 성장의 기회로 바꾸는 방법

실패를 바라보는 관점 전환하기

실패를 인정하는 첫걸음은 이에 대한 인식을 바꾸는 것입니다. 실패를 부정적인 사건으로만 보지 않고, 배움과 성장을 위한 기회로 해석하는 태도가 필요합니다.

✔ 실패는 과정의 일부

성공한 사람들 대부분이 여러 번의 실패를 거쳤습니다. 실패는 새로운 도전을 위한 필수 과정이며, 이를 통해 더 나은 방향을 찾을 수 있습니다.

✔ 실패를 통해 얻는 것

실패는 자신의 한계와 개선할 점을 인식하게 해주며, 이를 극복할 방법을 모색할 기회를 제공합니다.

✔ 실패를 성공의 조건으로 활용하기

실패를 경험한 사람은 다음 시도를 위한 준비가 철저해질 가능성이 높습니다. 중요한 것은 실패 자체가 아니라, 그 이후의 태도와 대응 방식입니다.

실패를 인정하는 구체적인 방법

항 목	내 용
객관적 분석	실패를 인정하는 과정에서 감정적인 반응보다 원인을 객관적으로 분석하는 것이 중요합니다. - 스스로에게 질문하기, 실패의 맥락 이해하기
수용과 표현	실패를 인정하는 과정에서 실망감, 좌절, 두려움의 감정을 자연스럽게 받아들이는 것이 필요합니다. - 감정을 솔직하게 인정하기, 주변 사람들과 감정을 공유하기
재도전 준비	실패를 인정하는 과정에서 자기비판에 머물지 않고, 다음을 위한 준비를 해야 합니다. - 완벽주의에서 벗어나 계속 시도하는 자세가 중요 - 자신을 격려하는 말 하기
실패의 교훈	실패를 그냥 지나치지 않고, 이를 통해 무엇을 배웠는지 명확하게 정리하는 과정이 필요합니다. - 실패 경험을 기록하여, 다음에 이를 활용 - 일정관리, 소통강화 등 구체적인 개선 계획 세우기

실패를 인정하는 대화 기술

실패를 인정하고 이를 성장의 발판으로 삼기 위해서는 효과적인 대화 방식이 필요합니다.

자신에게 말하기

"이제 무엇을 해야 할지 알게 되었으니, 다음번에는 더 나아질 거야."

타인과의 대화에서 실패 인정하기

팀원과의 대화

"이번 프로젝트 결과가 기대에 미치지 못했지만, 우리가 함께 시도한 과정은 가치 있었다고 생각해. 앞으로 무엇을 더 개선할 수 있을지 논의해보자."

리더에게 실패 보고할 때

"이번 결과에 대해 책임을 느끼고 있습니다. 미흡했던 부분을 보완하고, 더 나은 결과를 낼 수 있도록 노력하겠습니다."

동료에게 사과할 때

"내 실수로 팀에 영향을 미친 점 미안하게 생각해. 다음번에는 더 신중하게 대처할게."

실패를 인정하는 조직 문화 조성

개인뿐만 아니라 조직 차원에서도 실패를 성장의 기회로 삼는 문화가 필요합니다.

항목	내용
실패경험 공유	- 팀원들이 실패 경험을 공유할 수 있도록 분위기를 조성합니다. - 실패 사례를 통해 배울 점을 찾고, 이를 조직 전체가 활용할 수 있도록 합니다.
실패의 긍정평가	- 실패에서도 창의적 시도와 배움을 인정하는 문화를 조성합니다. - 새로운 도전을 시도한 직원들에게 보상을 제공할 수도 있습니다.
학습 과정 인식	- 실패를 개인적인 실수로 치부하는 것이 아니라, 조직이 함께 성장하는 과정으로 바라봅니다.

실패는 부끄러운 것이 아니라, 새로운 도전과 배움을 위한 필수적인 과정입니다. 실패를 두려워하지 않고 이를 받아들이는 태도가 있어야 더 크고 의미 있는 성장을 이끌어낼 수 있습니다. 실패를 인정하는 순간, 우리는 이미 다음 성공을 향한 첫걸음을 내디딘 것입니다.

| 실패를 인정받은 경험이 자신감을 키운 이야기

실패는 때때로 좌절과 실망을 불러오지만, 누군가의 인정과 격려를 받을 때 실패는 더 큰 성장과 자신감의 원천이 될 수 있습니다. 실패를 받아들이고 이를 통해 자신을 발전시킨 사례들을 통해, 실패가 단순한 끝이 아니라 새로운 시작임을 깨닫게 됩니다.

사례. 직장에서의 실패와 인정받은 경험

A는 회사에서 중요한 프로젝트를 맡았지만, 예상치 못한 기술적 문제와 팀 내 의사소통 부족으로 인해 프로젝트는 실패로 끝났습니

다. 회사에 손실을 끼쳤다는 부담감에 A는 자책하며 위축되었습니다. 하지만 A의 상사는 비난 대신 격려의 메시지를 전했습니다.

"이번 프로젝트는 새로운 방식으로 접근한 만큼 도전적인 과제였어. 네가 시도했던 방법은 충분히 의미가 있었고, 앞으로 다른 프로젝트에서 참고할 중요한 경험이 될 거야."

"무엇보다도 끝까지 책임감을 가지고 해결하려 했다는 점이 인상적이었어. 이런 태도는 앞으로 더 큰 성과로 이어질 거라고 믿어."

이러한 인정은 A에게 위로와 함께 새로운 도전의 동기를 제공했습니다. 그는 자신의 가치를 다시 확인하고, 이번 경험을 바탕으로 다음 프로젝트에서 더 나은 성과를 이루었습니다. 이 과정에서 A는 실패를 극복하는 자신감을 얻게 되었고, 실패를 받아들이는 태도가 얼마나 중요한지를 깨닫게 되었습니다.

사례. 학업에서의 실패와 재도약

B는 중요한 시험에서 기대 이하의 점수를 받으며 크게 낙담했습니다. 그는 자신을 부족한 학생으로 여기고, 학업에 대한 자신감을 완전히 잃어버린 것처럼 보였습니다. 하지만 그의 교사는 점수가 아닌 과정에 초점을 맞추며 진정한 인정의 말을 건넸습니다.

"점수는 지금 네가 어려움을 겪고 있다는 걸 보여주는 지표일 뿐이야. 하지만 네가 노력하고 있다는 건 분명해. 이번 경험을 통해 부족한 부분을 보완하면, 다음에는 더 좋은 결과를 얻을 수 있을 거야."

"특히 네가 정리한 요약 노트는 정말 체계적이었어. 이 방법을 조금 더 보완하면 학습 효율이 더 좋아질 거야."

이러한 인정과 조언은 B가 실패를 받아들이고 학습 방식을 개선하는 계기가 되었습니다. 이후 B는 학습 습관을 수정하며 성적을 꾸준히 향상시켰고, 자신의 가능성을 다시 믿게 되었습니다. 실패를 인정받고 극복한 경험은 B에게 자신감을 되찾아 주었을 뿐만 아니라, 실패를 성장의 과정으로 받아들이는 법을 가르쳐 주었습니다.

사례. 스포츠에서의 실패와 재기의 힘

C는 중요한 농구 경기에서 결정적인 실수를 범하며 팀의 패배에 큰 영향을 미쳤습니다. 경기 후 그는 팀원들에게 미안한 마음이 커져 자신감을 잃게 되었고, 다시 경기에 나서는 것이 두려워졌습니다. 하지만 그의 코치는 실수 자체보다 경기에서 보여준 기여를 강조하며 격려했습니다.

"실수는 경기의 일부일 뿐이야. 하지만 네 팀플레이와 패스 덕분에 우리 팀이 마지막까지 희망을 가질 수 있었어."

"네가 없었다면 이 경기 자체가 이렇게 흘러가지 않았을 거야. 중요한 건 네가 최선을 다했고, 다음 경기에서는 더 좋은 모습을 보여줄 수 있다는 거야."

이러한 인정은 C에게 다시 도전할 용기를 주었습니다. 그는 연습에 더욱 집중하며 경기력을 높였고, 얼마 지나지 않아 팀의 핵심 선수로 성장하며 중요한 경기에서 팀을 승리로 이끄는 역할을 해냈습니다. 실패 후 받은 인정이 C에게 자신감을 회복시키고, 더 나은 성과를 이루는 원동력이 된 것입니다.

사례. 개인 관계에서의 실패와 회복

D는 친구와의 중요한 약속을 잊어버려 큰 갈등을 겪었습니다. 그는 자신의 실수에 대한 죄책감이 커져서 친구와의 관계가 회복되지 않을 것이라고 걱정하기 시작했습니다. 하지만 친구는 실수보다 그 이후의 태도를 더 중요하게 여기며 D를 따뜻하게 받아주었습니다.

"네가 약속을 잊어버린 건 서운했지만, 네가 지금 이렇게 사과하려고 노력하는 모습이 더 중요하다고 생각해. 너도 바빴던 걸 아니까 괜찮아."

"우리 우정이 이런 작은 실수로 끝날 만큼 약하지 않잖아. 다음번엔 더 신경 쓰면 되는 거야."

이러한 인정은 D가 스스로를 용서하고 관계를 회복하는 데 큰 힘이 되었습니다. 이후 그는 약속을 더욱 철저히 지키려 노력했고, 친구와의 관계는 오히려 이전보다 더 깊어졌습니다.

실패를 인정받는 경험이 주는 교훈

실패를 경험했음에도 자신의 노력이 인정받게 되면, 다시 도전할 용기를 얻고 스스로를 믿는 힘이 생기게 됩니다. 실패를 받아들이고 인정하는 과정에서 신뢰가 쌓이게 되며, 사람들과의 관계는 더욱 돈독해집니다. 실패를 단순한 실수가 아닌 배움의 기회로 받아들이게 되면, 지속적으로 발전할 수 있습니다. 실패 후에도 인정받는 경험은 부정적인 감정을 해소하고, 긍정적인 태도를 유지하는 데 도움이 됩니다.

실패를 인정받고 이를 극복하는 과정은 단순한 위로 이상의 의미를 가지고 있습니다. 인정이 주는 힘은 사람을 다시 일어서게 만들고, 더 나아가게 하는 원동력이 되기도 합니다. 실패는 끝이 아니라, 새로운 시작이며 그 시작을 더욱 힘차게 만들 수 있는 것은 주변의 인정과 격려입니다. 실패를 성장의 과정으로 받아들이고, 이를 극복하는 힘을 기르는 것이 진정한 자신감으로 이어질 수 있습니다.

리더와 조직이 실패를 다루는 방식

리더와 조직이 실패를 다루는 방식은 구성원들의 동기부여, 혁신, 그리고 지속적인 성과에 큰 영향을 끼치게 됩니다. 실패를 처벌하는 조직과 실패를 학습의 기회로 삼는 조직은 근본적인 문화 차이를 가지며, 이 차이는 장기적인 성과에서도 명확하게 드러날 수 있습니다. 실패를 어떻게 조직의 성장 발판으로 삼을 수 있을지, 효과적인 접근법을 살펴보겠습니다.

실패를 대하는 조직 문화 조성하기

성공적인 조직은 실패를 단순한 실책이 아니라 개선과 혁신의 기회로 인식합니다. 이를 위해 조직 전반에서 다음과 같은 문화를 구축하는 것이 중요합니다. 실패는 새로운 시도를 통해 얻을 수 있는 불가피한 결과 중 하나이며, 이를 성장 과정의 일부로 인식하는 것이 필요합니다.

리더가 실패를 다루는 태도

리더는 조직 내 실패를 다루는 방식에 있어 가장 중요한 역할을 합니다. 실패를 효과적으로 다루기 위한 리더십의 핵심 요소를 살펴보겠습니다. 리더는 직원들이 실패를 두려워하지 않고 자유롭게 도전할 수 있도록, 신뢰 기반의 환경을 조성해 주어야 합니다.

✔ 심리적 안정감 제공

구글의 연구에 따르면, 심리적 안정감이 높은 팀이 더 나은 성과를 내며, 구성원들이 창의적이고 주도적으로 일하는 경향이 있음을 확인했습니다.

✔ 신사업 실패의 인정 및 보완작업

아마존의 제프 베이조스는 신사업에서의 실패를 인정하며, 이를 기반으로 더 나은 전략을 마련하는 데 집중합니다. 그는 "큰 혁신에는 필연적으로 실패가 따른다"고 강조합니다.

✔ 실패를 개선의 기회로 삼는 기업문화조성

마이크로소프트는 '성장 마인드셋(Growth Mindset)'을 강조하며, 실패를 개선의 기회로 삼도록 유도하는 문화를 조성했습니다.

조직 내 실패를 관리하는 실천 방법

✔ 항공산업의 대처방안

항공 산업에서는 모든 사고 사례를 철저히 분석하여 동일한 문제가 반복되지 않도록 방지합니다.

✔ 실리콘밸리 기업들의 대처방안

실리콘밸리 기업들은 'Post-Mortem(사후 분석)' 회의를 통해 실패의 원인을 분석하고, 이를 학습 자료로 활용합니다.

✔ 스타벅스 CEO의 실패경험 공유

스타벅스 전 CEO 하워드 슐츠는 초기 사업 실패 경험을 직원들과 공유하며, 이를 통해 기업이 성장할 수 있었던 과정을 설명했습니다.

실패를 활용한 조직 성장 사례

✔ 애플: 실패를 혁신의 원동력으로

애플은 1990년대 뉴튼 PDA 등, 실패를 겪었지만, 이를 바탕으로 사용자 니즈를 정확히 파악하며 아이폰과 같은 혁신적인 제품을 개발했습니다.

✔ 스페이스X: 반복된 실패를 통한 기술 완성

초기 로켓 발사 실패를 반복했지만, 빠르게 분석하고 개선하여 재사용 가능한 로켓 기술을 완성했습니다.

일론 머스크: *"실패를 감당할 수 없었다면, 결코 혁신하지 못했을 것이다."*

✔ 넷플릭스: DVD 대여 사업 실패 후 스트리밍 전환

넷플릭스는 처음 DVD 대여 사업을 운영했지만, 온라인 스트리밍 시장이 성장하자 과감하게 사업 모델을 변경하며 성공적인 전환을 이루었습니다.

실패를 인정하는 조직이 얻는 이점

항목	내 용
창의성과 혁신 강화	실패를 용인하는 조직은 직원들이 새로운 아이디어를 자유롭게 제안하고 실험할 수 있는 환경을 제공합니다.
직원들의 동기부여	실패를 두려워하지 않는 문화에서는 직원들이 더욱 적극적으로 도전하고 성장할 수 있습니다.
지속적 개선학습	실패를 분석하고 피드백을 제공하는 과정을 통해 조직은 지속적으로 발전할 수 있습니다.
유능한 인재유치	실패를 인정하고 성장을 지원하는 조직은 창의적인 인재들에게 매력적인 근무 환경이 됩니다.

리더와 조직이 실패를 다루는 방식은 조직 문화와 성과에 직접적인 영향을 끼칠 수 있습니다. 실패를 처벌하는 조직에서는 직원들이 도전을 꺼리고 창의성이 억제되지만, 실패를 성장과 학습의 기회로 받아들이는 조직에서는 혁신이 활발하게 이루어집니다. 이러한 접근방식의 차이가 지속 가능한 성공을 판가름할 핵심이 될 수 있습니다. 실패를 어떻게 활용하는지에 따라, 조직의 미래는 달라질 수 있습니다.

실패를 인정하는 법

실패를 성장의 기회로 바꾸는 방법

실패는 배움과 성장의 기회이며, 태도와 대응이 중요하다.

객관적 분석과 감정 수용으로 실패 원인을 파악하고 개선한다.

실패 후 교훈을 정리하고 구체적인 개선 계획을 세운다.

실패 공유 문화는 개인과 조직의 학습과 혁신을 촉진한다

실패를 인정받은 경험이 주는 변화

인정과 격려는 실패 후 자신감을 회복시켜 도전 의지를 높인다.

과정 중심 피드백은 개인의 성장과 자존감을 강화한다.

실패 극복 경험은 관계 회복과 지속적인 발전의 원동력이 된다

리더와 조직이 실패를 다루는 방식

실패를 학습 기회로 삼는 문화는 창의성과 혁신을 강화한다.

리더의 건설적 피드백과 실패 공유는 심리적 안정감을 조성한다.

실패 분석과 기록 시스템은 재발 방지와 지속적 성장을 돕는다.

PART 5

인정받았던 순간들의 이야기

인정받는 경험은 단순한 칭찬을 넘어, 삶에 깊은 변화를 가져오기도 합니다. 때로는 한마디의 격려가 절망 속에서 다시 일어설 용기를 주기도 하고, 어떤 때는 작은 인정이 관계를 회복하는 계기가되기도 합니다. 다음은 다양한 상황에서 인정받은 순간을 대화 형식으로 재구성한 이야기들입니다.

┃ 무명작가에서 베스트셀러 작가로

"당신의 글이 세상에 나올 준비가 되어 있습니다."

작가: *"제 원고를 여러 출판사에 보냈지만, 번번이 거절당했어요. 제 글이 과연 가치가 있는 걸까요?"*

편집자: *"거절당했다는 게 글이 나쁘다는 의미는 아닙니다. 오히려 당신의 글에는 우리가 흔히 접할 수 없는 독창성이 있어요. 세상이 아직 이를 받아들일 준비가 덜 되었을 뿐이죠."*

작가: "정말 그렇게 생각하세요? 솔직히 저도 의욕을 잃고 있었거든요."

편집자: "네, 확신합니다. 이 작품은 사람들에게 깊은 감동을 줄 거예요. 저는 당신이 다시 도전하도록 돕고 싶습니다."

작가: (눈시울이 붉어지며) "이런 말을 듣게 될 줄 몰랐어요. 다시 용기를 내보겠습니다."

편집자의 이 말은 작가에게 다시 일어설 힘을 주었고, 결국 그의 책은 베스트셀러에 올랐습니다.

| 실패 속에서 얻은 단 한 번의 인정

"당신의 열정은 변하지 않는 자산입니다."

창업자: "우리 아이디어가 아직 시장에서 큰 반응을 얻지 못했습니다. 투자받기가 너무 어렵네요."

투자자: "지금 반응이 크지 않다고 해서 이 아이디어가 가치 없다고 단정할 수는 없어요. 저는 당신의 집념과 가능성을 보고 첫 번째로 투자하겠습니다."

창업자: "첫 번째 투자라니요? 정말 감사하지만, 이게 성공할 수 있을까요?"

투자자: "시장 환경은 변할 수 있지만, 확고한 비전과 실행력이 있는 창업자는 언제든 기회를 잡을 수 있어요. 당신이 포기하지 않는다면, 저도 끝까지 함께할 겁니다."

창업자: "이 신뢰가 저희 팀에게 정말 큰 힘이 됩니다. 꼭 보답하겠습니다."

그 한마디의 인정이 창업자에게 새로운 동력이 되었고, 결국 그는 성공적인 기업가로 성장했습니다.

사소한 행동이 한 생명을 구하다

"당신 덕분에 가족을 다시 만날 수 있었습니다."

가족: "당신이 아니었다면 우리 가족을 잃을 수도 있었어요. 침착하게 대처해 주신 덕분에 우리에게 두 번째 기회가 생겼습니다."

구급대원: "그 말씀만으로도 제가 이 일을 하는 이유를 다시 깨닫게 되네요. 감사합니다."

가족: "그 순간 얼마나 힘들었을지 감히 상상도 못 해요. 그냥 단순히 '고맙다'는 말로는 부족하지만, 정말 감사드립니다."

구급대원: "사람을 살리는 게 제 일이지만, 이렇게 감사를 직접 전해 들으면 그 의미가 훨씬 더 깊어지는 것 같아요."

가족: "당신 같은 분들이 있어서 얼마나 다행인지 몰라요. 앞으로도 많은 사람들에게 희망을 주세요."

한마디 감사의 말이, 구급대원에게 자신의 일이 얼마나 가치 있는지 다시금 깨닫게 해주었습니다.

은퇴 직전에 들은 첫 감사 인사

"당신의 손길이 닿지 않은 곳이 없습니다."

대표: "당신이 만든 장비들은 이 회사의 기초가 되었습니다. 지금 우리가 이만큼 성장할 수 있었던 건, 당신의 노력이 있었기 때문입니다."

기술자: *(조용히 미소를 지으며)* "이제야 제 일을 인정받은 기분이네요. 저도 이곳에서 일한 시간이 참 자랑스럽습니다."

대표: "이 회사를 자랑스럽게 여겨 주셔서 저도 기쁩니다. 그동안의 노고에 진심으로 감사드립니다."

기술자: "이제 떠나더라도, 제가 남긴 흔적이 회사 곳곳에 남아 있을 거라고 생각하니 뿌듯합니다."

은퇴를 앞두고 들은 이 한마디가, 기술자에게 평생의 헌신을 가치 있게 만들어주었습니다.

| 가족과의 화해를 이끈 한마디

"네가 우리를 위해 애썼다는 걸 이제야 깨달았구나."

어머니: "네가 우리 가족을 위해 얼마나 많은 노력을 했는지, 내가 너무 늦게 깨달았구나. 정말 고맙다."

자녀: (고개를 숙이며) "엄마가 그렇게 말씀해 주시니, 저도 더 잘할 수 있을 것 같아요. 감사합니다."

어머니: "난 늘 네가 부족하다고만 생각했어. 그런데 이제 보니, 너는 늘 우리를 위해 최선을 다하고 있었더라."

자녀: "엄마가 이렇게 말해 주시니 정말 힘이 나요. 저도 더 노력할게요."

어머니: "우리 앞으로는 더 자주 솔직하게 대화하자. 네 마음을 더 잘 알아가고 싶어."

이 대화는 어머니와 자녀의 오랜 오해를 풀고, 더 깊은 관계를 맺는 계기가 되었습니다.

인정은 단순한 칭찬을 넘어, 사람의 삶을 변화시키는 힘을 가지고 있습니다. 무심코 던진 한마디이지만 누군가에게는 인생의 전환점이 될 수도 있습니다. 당신이 가장 기억에 남는 인정받았던 순간은 언제인가요? 그때 어떤 감정을 느꼈고, 그 인정이 당신의 삶에 어떤 변화를 가져왔나요? 스스로를 돌아보며, 또는 주변 사람들에게 감사와 인정을 표현해보세요. 그 한마디가 또 다른 변화를 만들어낼지도 모릅니다.

4부

인정의
장점과 한계

··

균형을 맞추다

PART 1

인정의 긍정적 효과

인정은 단순한 칭찬을 넘어, 개인과 조직, 사회에 깊이 있는 변화를 일으킬 수 있는 중요한 요소입니다. 작은 인정 하나가 동기부여를 강화하고, 관계를 더욱 깊고 탄탄하게 만들며, 조직과 공동체의 문화를 긍정적으로 바꿀 수 있습니다. 아래에서는 인정이 가져오는 대표적인 긍정적 효과를 살펴보겠습니다.

| 인정이 가져오는 변화, 개인에서 공동체까지

동기부여를 강화하는 힘

인정받는 경험은 개인의 동기를 북돋우고, 성과를 극대화하는 원동력이 됩니다. 구체적인 피드백과 칭찬을 받은 사람은 자신의 노력이 가치 있다고 느끼게 되고, 더욱 적극적으로 목표를 향해 나아갈 수 있게 됩니다. 인정은 단순히 기분을 좋게 하는 것이 아니라,

개인이 자신의 잠재력을 최대한 발휘할 수 있도록 돕는 강력한 동기부여 요소입니다.

- 직장에서 팀장이 직원의 기여를 구체적으로 칭찬하면, 해당 직원은 자신의 능력을 인정받았다는 만족감과 함께 더 큰 책임감을 갖고 업무에 몰입합니다.
- 학생이 노력한 결과에 대해 교사의 긍정적인 피드백을 받을 경우, 학습 의욕이 증가하며 지속적인 성장을 이루게 됩니다.

자신감과 자아존중감 향상

인정은 자신을 긍정적으로 바라볼 수 있는 힘을 제공하기도 합니다. 이는 자아존중감을 높이고, 도전적인 상황에서도 스스로를 믿을 수 있는 기반이 될 수 있습니다. 꾸준한 인정은 장기적으로 개인의 자기 효능감을 강화시켜주며, 더 큰 목표에도 주저하지 않고 도전할 수 있도록 만들어 줍니다.

- 부모가 자녀의 작은 성취를 인정할 때, 아이는 스스로의 능력을 신뢰하며 실패를 두려워하지 않는 태도를 형성합니다.
- 직장 상사의 긍정적 피드백은 직원이 자신의 역할에 대한 자부심을 갖고, 더욱 독립적인 문제 해결 능력을 키우는 계기가 됩니다.

관계의 질을 높이는 인정의 힘

인정은 인간관계를 깊고 긍정적으로 변화시키는 촉진제 역할을 하기도 합니다. 상대방의 노력을 인정하는 것은 그들이 존중받고 있다고 느끼게 해주며, 상호 신뢰를 구축하는 데 있어 중요한 역할을 합니다. 인정을 통해 관계가 강화되면, 서로가 더욱 열린 마음으로 소통할 수 있는 환경이 조성됩니다.

- 친구가 힘든 시기에 보여준 도움을 진심으로 인정하고 감사를 표하면, 두 사람의 유대감은 더욱 깊어집니다.
- 배우자나 가족 구성원이 서로의 작은 노력을 인정하는 문화가 자리 잡으면, 가정 내 소통과 정서적 안정이 향상됩니다.

스트레스 감소와 정서적 안정 제공

심리학 연구에 따르면, 인정받는 경험은 스트레스 수준을 낮추고 감정적 안정을 돕는 역할을 하기도 합니다. 특히, 직장과 같이 경쟁이 치열한 환경에서 두드러지며, 조직 내 건강한 심리적 분위기를 형성하는 중요한 요소가 됩니다.

- 직장에서 직원이 상사나 동료로부터 자신의 노력이 인정받는다면, 긴장감이 줄어들고 업무 스트레스가 완화됩니다.
- 가족이나 가까운 지인들이 자신의 감정을 이해해주고 인정해 줄 때, 정서적 안정감이 높아지며 정신적 부담이 줄어듭니다.

조직과 공동체에 미치는 긍정적 변화

개인뿐만 아니라, 조직과 공동체 내에서 인정 문화가 정착되면 협력과 생산성이 향상되기도 합니다. 인정받는 문화는 신뢰와 유대감을 강화하며, 구성원들이 더욱 자발적으로 참여하는 환경을 조성해 줍니다. 적절한 인정이 이루어질 때, 개인과 조직이 함께 성장하고 발전할 수 있는 환경이 만들어질 수 있습니다.

- 팀 내에서 동료들 간에 서로의 기여를 인정하는 문화가 형성되면, 협업이 원활해지고 팀워크가 강화됩니다.
- 지역사회에서 서로의 노력을 인정하고 격려하는 분위기가 조성되면, 공동체 의식이 높아지고 참여도가 증가합니다.

인정은 단순한 칭찬을 넘어, 개인의 자신감, 동기부여, 관계의 질, 정서적 안정, 조직의 성장까지 긍정적인 변화를 이끄는 강력한 도구라고 볼 수 있습니다. 이러한 작은 실천들이 쌓이면, 개인뿐만 아니라 사회 전체가 더욱 긍정적인 방향으로 나아갈 수 있습니다.

| 신뢰와 존중을 기반으로 한 관계 형성

신뢰와 존중은 건강한 인간관계를 구축하는 가장 중요한 요소라고 볼 수 있습니다. 단순한 호의나 배려를 넘어, 서로의 가치를 인정하고 지속적으로 신뢰를 쌓아가는 과정은 관계의 질을 결정짓는 핵심 요인이며, 신뢰와 존중이 공고한 관계는 갈등을 효과적으로 해결하고, 상호 성장과 협력을 촉진하는 기반이 될 수 있습니다.

- 신뢰: 상대의 말과 행동을 믿고, 긍정적인 의도를 기대하는 것
- 존중: 상대방의 감정, 생각, 가치를 인정하고 배려하는 태도

이 두 가지가 조화를 이루는 관계에서 사람들은 서로에게 안정감

을 느끼고, 보다 깊이 있는 유대감을 형성하게 됩니다. 반대로 신뢰와 존중이 부족한 관계는 쉽게 오해와 갈등에 휘말릴 수 있습니다.

신뢰는 한순간에 형성되는 것이 아니라, 꾸준한 행동과 태도를 통해 쌓여가는 것입니다. 상대방이 지속적으로 신뢰할 수 있도록 다음과 같은 노력이 필요하며, 직장에서 팀장이 직원의 의견을 존중하고 이를 실제 업무에 반영한다면, 직원들은 자신의 의견이 가치 있다고 느끼며 팀장에 대한 신뢰를 갖게 됩니다.

- 일관된 행동: 말과 행동이 일치할 때 신뢰가 형성됩니다. 약속을 지키고, 책임감 있는 태도를 보이는 것이 중요합니다.
- 진정성 있는 소통: 상대방의 이야기에 귀 기울이고, 이해하려는 태도를 보일 때 신뢰는 강화됩니다.
- 투명한 의사소통: 감정을 숨기거나 왜곡하지 않고, 솔직하고 개방적인 대화를 나눌 때 신뢰는 깊어집니다.

반면, 존중은 단순한 예의가 아니라, 상대방의 존재와 가치를 인정하는 태도에서 시작됩니다. 존중을 경험한 사람은 자신의 존재를 긍정적으로 바라보며, 관계에서 더 큰 안정감을 느끼게 됩니다. 가정에서 부모가 자녀의 감정을 가볍게 여기지 않고, 진지하게 경청하는 태도를 보일 때, 자녀는 자신의 의견이 중요하다는 것을 깨닫고 더욱 자신감 있는 태도를 가질 수 있게 됩니다.

- 개성 인정하기: 상대방의 생각과 감정을 무시하지 않고, 그들의 입장을 이해하려는 노력이 필요합니다.

- 배려하는 태도 유지: 비판보다는 이해하려는 태도를 보일 때, 상대방은 존중받고 있다고 느낍니다.
- 공정한 대우: 차별 없이 상대방의 가치를 인정하는 것이 존중의 핵심입니다.

신뢰와 존중이 관계에 미치는 영향

신뢰와 존중이 탄탄한 관계에서는 어려움이 닥쳐도 쉽게 흔들리지 않으며, 오히려 함께 해결하려는 의지와 태도가 형성됩니다. 반면, 신뢰와 존중이 부족한 관계는 사소한 갈등에도 쉽게 무너질 수 있습니다. 친구 간 오해가 발생했을 때도 신뢰와 존중이 있다면 서로의 입장을 고려하며 대화를 통해 해결하려는 노력이 이루어질 것이고, 직장 내 상사가 부하 직원의 의견을 존중하고 공정한 평가를 제공한다면 직원들은 조직에 대한 신뢰를 가지게 되어 생산성과 협업이 향상될 것입니다.

신뢰와 존중을 기반으로 한 관계의 사례

항 목	내 용
직장에서의 신뢰와 존중	- 상사가 직원의 기여를 인정하고 공정하게 평가할 때, 직원은 더욱 적극적으로 업무에 몰입함. - 조직 내 수평적인 소통과 상호 존중 문화가 자리 잡으면 협업이 강화되고 창의성이 증진됨.

가정에서의 신뢰와 존중	- 부모가 자녀의 작은 성취를 칭찬하고, 실패를 격려할 때, 자녀는 자신감을 갖고 더 큰 도전에 나설 수 있음. - 부부가 서로의 노력을 인정하고 감사를 표현할 때, 신뢰와 존중이 쌓이며 관계가 더욱 돈독해짐.
친구간의 신뢰와 존중	- 서로의 비밀을 지키고, 약속을 잘 지키는 친구 관계는 오랜 시간이 지나도 변하지 않는 강한 유대를 형성함. - 의견이 다를 때도 상대방을 존중하며 대화를 이어가는 태도는 건강한 우정을 지속하는 데 중요한 요소가 됨.

신뢰와 존중은 모든 인간관계의 기초입니다. 한순간의 행동이 아니라, 지속적인 노력과 태도를 통해 형성되며, 이를 바탕으로 우리는 더욱 건강하고 깊이 있는 관계를 만들어 갈 수 있습니다. 일상에서 신뢰와 존중을 실천하는 작은 습관이 쌓이면, 우리는 더 깊고 의미 있는 인간관계를 형성할 수 있습니다.

| 인정이 삶의 질을 높이는 이유

진정으로 인정받는 경험은 단순한 기분 좋은 순간을 넘어, 개인의 심리적 안정과 관계의 질, 나아가 삶 전체의 만족도를 높이게 되는 매우 중요한 요소입니다. 인간은 사회적 존재로서 자신이 가치 있는 존재라는 느낌을 받을 때 더 행복해지고 적극적인 태도를 가지게 됩니다. 인정이 삶의 질을 높이는 다양한 이유를 살펴보겠습니다.

자아존중감 향상

자신의 노력이 타인에게 인정받는 경험은 자아존중감을 높이고, 자신의 가치를 긍정적으로 바라보는 데 도움을 주게 됩니다. 인정받은 사람은 자신이 중요한 존재라는 확신을 가지게 되며, 도전에 대한 자신감을 얻게 됩니다.

✔ 성취감과 자기 효능감 증가

인정받은 사람은 자신의 역량을 더욱 신뢰하게 되어, 더 높은 목표를 설정하고 이를 달성하기 위한 노력을 지속합니다. 직장에서 상사와 동료들에게 성과를 인정받은 직원은 업무에 대한 자신감을 갖게 되고, 새로운 프로젝트에도 적극적으로 도전합니다.

✔ 내면적 동기부여 향상

단순한 외부 보상이 아닌, 자신의 노력과 성장이 인정받을 때 개인의 내면적 동기부여가 강해집니다. 이는 장기적으로 지속 가능한 성장과 발전을 이끄는 중요한 요소가 되기도 합니다.

스트레스 완화와 심리적 안정 제공

자신의 노력이 무시되지 않고 인정받는 것은 심리적 스트레스와 불안을 줄이는 효과가 있습니다. 특히, 고압적인 환경에서의 인정은 개인이 감정적 균형을 유지하는 데 중요한 역할을 합니다.

✔ 심리적 안정과 긍정적인 감정 증진

인정받을 때 분비되는 도파민과 옥시토신은 행복감과 소속감을 동시에 촉진하여 긍정적인 정서를 강화합니다. 이는 우울감과 불안감을 완화하고,

사람들을 더 평온한 상태로 유지하게 해줍니다.

✔ 직장 및 사회적 환경에서의 스트레스 감소

직장에서 인정 문화 형성시, 업무 부담이 크더라도 직원들이 서로를 지지해주면 스트레스를 효과적으로 해소할 수 있습니다.

가정에서도 가족 간의 인정과 감사 표현이 활발할 때, 갈등이 줄어들고 더 안정적인 분위기가 형성됩니다.

인간관계의 향상

인정은 단순한 칭찬을 넘어, 상대방과의 신뢰를 강화하고 깊은 유대감을 형성하는 데 중요한 역할을 합니다.

✔ 사회적 지지와 소속감 증가

인정은 사람들로 하여금 자신이 속한 공동체에서 의미 있는 역할을 하고 있다고 느끼게 만듭니다. 이는 개인이 사회적으로 고립되는 것을 방지하고, 관계 속에서 안정감을 느끼도록 만들어줍니다.

✔ 갈등 완화 및 관계 개선

상대방의 장점을 인정하는 태도는 갈등을 줄이고, 더 원활한 소통을 가능하게 합니다. 친구나 가족과의 다툼이 있을 때 서로의 노력을 인정하는 대화가 이루어지면, 감정적 벽이 허물어지고 관계가 개선됩니다.

생산성과 창의성 증진

인정받은 사람은 자신이 가치 있는 존재라는 확신을 가지게 되며, 업무나 창작 활동에서 더 높은 동기와 몰입도를 보이게 됩니다.

✔ 업무 성과 향상

상사와 동료들로부터 인정받으면, 업무만족도가 높아지고, 생산성이 증가합니다. 인정 문화가 정착되면 협업이 원활해지고, 팀워크가 강화됩니다.

✔ 창의적인 아이디어 발산 촉진

자신의 의견과 아이디어가 존중받는 환경에서는 사람들은 더 자유롭게 창의적인 시도를 하게 됩니다. 비판보다 인정이 중심이 되는 조직에서는 혁신적인 아이디어가 활발하게 논의되고, 새로운 시도가 장려됩니다.

삶의 만족도 증가

인정받는 경험은 개인의 삶에 대한 만족도를 높이고, 궁극적으로 더 행복한 삶을 살아가는 데 기여합니다.

✔ 삶의 의미와 가치 발견

자신의 존재와 노력이 인정받을 때, 사람들은 삶에서 더욱 큰 의미를 찾게 됩니다. 가족과 친구 관계에서 지속적인 인정과 감사 표현이 이루어지면, 개인은 보다 안정적인 심리 상태를 유지할 수 있습니다.

✔ 긍정적인 태도와 회복탄력성 강화

인정받은 경험이 많은 사람들은 어려운 상황에서도 더 긍정적인 태도를 유지하며, 좌절을 극복하는 힘이 강해집니다. 실패나 실수를 했을 때도 주변의 인정과 격려가 있다면, 다시 도전할 용기를 얻을 수 있습니다.

진심 어린 인정은 개인과 조직, 사회 전체를 더 나은 방향으로 변화시키는 강력한 힘을 가지고 있습니다. 일상 속에서 인정의 가치를 실천한다면 더욱 만족스러운 삶을 살아갈 수 있을 것입니다.

인정의 긍정적 효과

인정이 가져오는 변화, 개인에서 공동체까지

인정은 동기부여를 높여 성과와 목표 달성 의지를 강화한다.

자신감과 자아존중감을 높여 도전과 성장을 촉진한다.

신뢰와 유대감을 형성해 소통과 협업을 강화한다.

인정 문화는 참여도와 생산성을 증진시킨다

신뢰와 존중을 기반으로 한 관계 형성

신뢰와 존중은 안정감과 유대감을 형성하는 관계의 핵심이다.

일관된 행동과 진정성 있는 소통이 지속적 신뢰를 만든다.

존중은 갈등 완화와 협력을 촉진한다.

인정이 삶의 질을 높이는 이유

자아 인식과 자기 효능감을 높여 삶의 만족도를 향상시킨다.

정서적 안정과 스트레스 완화로 심리적 건강을 증진한다.

인정받은 경험은 회복탄력성과 지속적 성장을 돕는다.

PART 2

지나친 인정의 부작용

인정은 개인의 성장과 동기부여에 긍정적인 영향을 미치지만, 지나치게 사용될 경우 의도와는 다르게 부정적인 결과를 초래할 수 있습니다. 무분별한 칭찬과 인정은 신뢰를 약화시키고, 개인의 발전을 저해하며, 조직 내 형평성을 무너뜨리는 요인이 될 수도 있습니다. 인정이 효과적으로 작용하기 위해서는 그 균형을 유지하는 것이 중요합니다.

| 균형 잡힌 인정이 가져오는 진정한 성장

진정성 부족으로 인한 신뢰 상실

무조건적인 인정은 진정성을 잃고 형식적인 관행으로 전락할 위험이 있습니다. 단순한 칭찬이 반복될수록 상대방은 그 말의 의미를 의심하게 되며, 결국 신뢰가 무너질 수 있습니다. 이럴 때, 개인의 기여를 세부적으로 언급하면 인정의 진정성이 더욱 강화될 수 있습니다.

형식적인 칭찬이 불러오는 문제

한 팀장은 회의가 끝날 때마다 *"여러분 모두 최고예요!"* 라는 칭찬을 습관적으로 했습니다. 처음에는 직원들이 긍정적으로 받아들였지만, 점차 반복되는 말이 구체적인 피드백 없이 형식적으로 느껴졌고, 직원들은 점점 팀장의 말을 진지하게 받아들이지 않게 되었습니다.

해결방안: 구체적이고 의미 있는 인정 제공

"오늘 회의에서 논리적인 정리 덕분에 팀원들이 쉽게 이해할 수 있었어요."

자만심과 과도한 외적 인정 의존

끊임없는 칭찬은 자만심을 키우거나, 개인이 외부의 인정에 지나치게 의존하는 습관을 만들 수 있습니다. 이로 인해 자율적인 성장보다는 타인의 평가에 따라 행동하게 될 위험이 있습니다. 이럴 때, 과정에 대한 피드백을 제공하게 되면 스스로 성장할 수 있는 내적 동기를 형성하는 데 도움을 주게 됩니다.

외적 인정에 의존하는 심리

한 학생은 부모에게 늘 *"너는 최고야!"* 라는 칭찬을 들으며 자랐습니다. 하지만 첫 번째 실패를 경험했을 때, 그는 자신에 대한 확신을 잃고 극심한 스트레스를 받았습니다. 이는 자신의 가치를 외부의 인정에만 의존한 결과였습니다.

해결방안: 과정과 노력에 초점 맞추기

"시험을 준비하며 끝까지 집중한 점이 정말 인상적이었어. 그 노력이 결국 좋은 결과로 이어질 거야."

형평성 문제와 소외감 조성

특정 사람에게만 집중된 인정은 조직 내 형평성을 해치고, 나머지 구성원들에게 상대적 박탈감을 줄 수 있습니다. 이는 팀워크를 저해하고, 협업 분위기를 약화시키는 요인이 되기도 합니다. 이럴수록 다양한 참여자의 기여를 공정하게 언급해주면 팀 전체의 사기를 높이고, 협업을 강화하는 데 도움이 될 수 있습니다.

불균형한 인정이 초래하는 문제

한 회사에서 특정 직원만 지속적으로 상사의 칭찬을 받는 상황이 발생했습니다. 다른 팀원들은 자신들의 기여가 평가받지 못한다고 느끼며 점점 동기부여가 떨어졌고, 협업 의욕도 줄어들었습니다.

해결방안: 다양한 구성원의 기여를 공정하게 인정하기

"이번 프로젝트는 A가 고객 데이터를 정리한 덕분에 방향이 명확해졌고, B가 일정 관리를 철저히 해줘서 성공적으로 마무리할 수 있었습니다."

성장과 학습의 기회 상실

끊임없는 칭찬은 개인이 이미 충분히 잘하고 있다는 착각을 불러일으켜, 더 나아지려는 동기를 약화시킬 수 있습니다. 발전을 위해서는 균형 잡힌 피드백이 필수적입니다. 이러한 피드백은 상대방이 자신을 과대평가하지 않도록 하면서도, 발전을 위한 동기를 제공합니다.

지나친 칭찬이 성장을 방해하는 경우

한 아마추어 화가는 친구들로부터 *"네 그림은 완벽해!"* 라는 말을 자주 들었습니다. 그는 자신이 더 이상 배울 필요가 없다고 생각하며 새로운 기법을 시도하지 않았고, 결국 몇 년 후에도 실력에 큰 변화가 없었습니다.

해결방안: 개선점을 포함한 인정 제공

"이번 그림의 구도가 정말 멋져! 다음에는 명암을 조금 더 활용하면 분위기가 더 살아날 것 같아."

인정은 긍정적인 효과를 가지지만, 과도할 경우 오히려 부정적인 영향을 미칠 수 있습니다. 인정이 올바르게 사용될 때 개인과 조직의 성장에 강력한 원동력이 됩니다. 지나친 칭찬이 아니라, 의미 있고 균형 잡힌 피드백을 통해 진정한 동기부여와 발전을 이끌어야 합니다.

▎기대치가 부풀려질 위험성과 올바른 인정 방법

인정과 칭찬은 개인의 성장과 동기부여에 중요한 요소이지만, 과도한 칭찬이나 비현실적인 기대는 오히려 심리적 부담을 증가시키고 성취감을 약화시킬 수 있습니다. 올바른 인정 방법을 통해 기대치를 현실적으로 조정하고, 개인의 성장과 조직의 발전을 효과적으로 지원할 수 있습니다.

지속적으로 높은 평가를 받거나 과장된 칭찬을 받으면, 사람들은 기대에 부응해야 한다는 압박을 느끼고 창의성과 도전 정신이 위축될 수 있습니다.

회사내의 특정 직원이 지속적으로 '팀의 핵심'으로 칭송받으면, 자신의 능력과 노력 이상으로 기대되는 역할을 수행해야 한다는 부담을 느끼게 되어 작은 실수에도 평판이 떨어질까 두려워하며, 새로운 아이디어를 제안하거나 리스크를 감수하는 태도가 감소할 수 있게 됩니다.

부모가 자녀에게 말하는 경우도 유사합니다. 반복적으로 *"넌 뭐든 잘할 수 있어!"* 라고 말하면, 자녀는 부모의 기대를 충족해야 한다는 압박을 받으며 실패에 대한 두려움이 커지게 되어 새로운 도전에 소극적인 태도를 보일 가능성이 높아지며, 내면적 동기보다 외부의 평가에 의존하게 됩니다.

"넌 항상 최고야!" 라는 칭찬이 반복될 경우, 작은 실패에도 강한 자괴감을 느낄 수 있습니다.

"넌 무조건 성공할 거야!" 라는 기대를 받으면, 기대에 미치지 못할 경우 자신의 능력에 대한 의구심을 가지게 되고 도전 자체를 회피할 가능성이 커집니다.

잘못된 인정이 초래하는 부담과 해결책

과도한 칭찬이 주는 심리적 부담

특정 개인에게만 집중된 칭찬은 지나친 책임감을 부여하며, 실수나 실패를 두려워하는 태도를 유발할 수 있습니다. 조직 내에서 특정인만 집중 칭찬하는 경우, 다른 팀원들이 인정받지 못한다고 느끼고 불만이 쌓일 수 있습니다.

해결방안: 개인의 기여를 강조하되, 팀 전체의 협력을 함께 인정하는 것이 중요합니다.

"이번 프로젝트에서 B가 분석을 철저하게 해줘서 방향을 잘 잡을 수 있었고, 다른 팀원들도 이를 바탕으로 훌륭한 기획을 완성해줬어."

자녀에게 과한 기대를 심어주는 칭찬

특정 성과(예: 높은 성적)에만 초점을 맞춘 칭찬은 실수에 대한 두려움을 키울 수 있습니다. 자녀가 부모의 기대에 맞추기 위해 스트레스를 받으며, 자아 존중감이 낮아질 가능성이 있습니다.

해결방안: 결과보다 노력과 과정을 인정하는 것이 중요

"이번 시험을 준비하면서 네가 계획을 세우고 꾸준히 공부하는 모습이 정말 인상적이었어. 그 노력이 너를 더 성장하게 만들 거야."

형식적이고 상투적인 인정

반복적으로 형식적인 칭찬을 하면, 구성원들이 이를 진심으로 받아들이지 않게 됩니다. 직원들이 자신의 노력이 제대로 평가받지 못한다고 느낄 가능성이 높아집니다.

해결방안: 구체적인 기여나 성과를 명확하게 언급해야 한다.

"이번 보고서에서 데이터 시각화를 활용한 방식이 굉장히 효과적이었어. 고객이 내용을 더 쉽게 이해하는 데 큰 도움이 됐어."

기대치가 부풀려지는 것을 방지하는 방법

✔ 과정 중심의 피드백 제공

결과에 대한 평가보다 진행과정에 대한 피드백을 통해 다음 기회를 모색

할 수 있도록 해야 합니다.

✔ 현실적인 목표 설정

비현실적으로 높은 기대치 대신, 달성 가능한 목표를 설정하고 점진적인 성장을 인정해야 합니다.

✔ 실패와 실수를 허용하는 분위기 조성

실패를 성취의 일부로 받아들이도록 유도하고, 실수를 성장의 기회로 삼을 수 있도록 격려해야 합니다.

올바른 인정이 주는 긍정적인 효과

기대치를 현실적으로 조정하면 심리적 부담을 줄이고, 도전에 대한 자신감을 키울 수 있습니다. 적절한 인정은 개인이 지속적으로 성장할 수 있는 환경을 조성하는 데 기여합니다. 성과 중심이 아닌 과정 중심의 칭찬을 통해 실패에 대한 두려움을 극복하고, 창의적인 사고를 유도할 수 있습니다. 지나친 기대를 부여하는 대신, 개인이 자신의 속도에 맞춰 발전할 수 있도록 돕는 것이 더욱 효과적인 인정 방식입니다.

지나친 인정의 부작용

균형 잡힌 인정이 가져오는 진정한 성장

무조건적 인정은 진정성을 잃어 신뢰를 떨어뜨린다.

과도한 칭찬은 자만심을 키우고 외적 인정에 의존하게 만든다.

특정인만 인정하면 형평성 문제와 소외감을 초래한다.

지나친 칭찬은 성장 기회를 잃게 하고 개선 의지를 약화시킨다.

기대치가 부풀려질 위험성과 올바른 인정 방법

과장된 칭찬은 심리적 압박과 도전 회피를 유발한다.

높은 기대는 실수에 대한 두려움을 키워 성장을 방해한다.

형식적 인정은 진심이 전달되지 않아 동기부여를 저하시킨다.

인기대치가 부풀려지는 것을 방지하는 방법

과정 중심 피드백은 내적 동기와 자신감을 높인다.

현실적 목표와 실패 수용은 도전 의지를 유지시킨다.

구체적 칭찬은 진정성과 성장 동기를 동시에 높인다.

PART 3

균형 잡힌 인정과
솔직한 피드백의 조화

인정과 칭찬은 상대방에게 긍정적인 영향을 주지만, 방식에 따라 심리적 부담을 줄 수도 있습니다. 균형 잡힌 인정은 단순한 격려를 넘어 성장과 발전을 돕는 중요한 역할을 하며, 솔직한 피드백과 함께 제공될 때 더욱 효과적입니다. 이 글에서는 구체성, 과정 중심의 인정, 형평성 유지, 건설적인 피드백 제공, 그리고 타이밍 조절을 통해 올바른 인정을 실천하는 방법을 살펴보겠습니다.

| 올바른 인정과 피드백이 만드는 성장의 기회

진정성과 구체성을 담아 인정하기

막연한 칭찬보다는 구체적인 기여와 성과를 함께 언급하는 것이 효과적입니다. 진정성이 없는 칭찬은 상대방에게 신뢰를 주지 못하고 동기부여에도 도움이 되지 않으므로 구체적인 내용을 포함하여 상대방이 자신의 강점을 명확히 인식하도록 도와주며, 막연한 칭찬보다 어떤 점이 긍정적인 영향을 주었는지 설명해줍니다.

- **비효율적 칭찬**

"오늘 아주 잘했어!"

- **균형잡힌 칭찬**

"오늘 발표에서 핵심 내용을 논리적으로 정리한 점이 특히 인상적이었어. 덕분에 회의가 원활하게 진행됐어."

과정 중심의 인정으로 지속적인 성장 유도

결과 중심의 칭찬은 단기적인 동기부여에는 효과적이지만, 장기적으로는 압박감을 줄 수 있습니다. 과정과 노력을 인정하면 실패에 대한 두려움을 줄이고 지속적인 성장을 촉진할 수 있게 됩니다. 과정과 노력에 대한 피드백을 포함하여 상대방이 끊임없이 발전할 수 있는 환경을 조성하고, 실수와 실패를 자연스럽게 받아들이고 성장의 기회로 활용하도록 유도합니다.

- **비효율적 칭찬**

"결과가 좋아서 다행이야!"

- **균형잡힌 칭찬**

"결과도 훌륭하지만, 과정에서 보여준 창의성과 집중력이 인상적이었어."

형평성을 유지하며 인정하기

특정 개인에게만 집중된 칭찬은 조직이나 관계 내에서 불공정한 분위기를 조성할 수 있습니다. 인정은 팀과 공동체 내 모든 사람이 공평하게 평가받을 수 있도록 해야 합니다. 특정 개인만을 강조하지 않고 팀워크와 협력의 가치를 인정해주면 조직 내 신뢰도가 증가하며, 팀 전체적으로 동기부여가 될 수 있습니다.

- **비효율적 칭찬**

"이번 프로젝트는 B가 정말 훌륭하게 해냈어!"

- **균형잡힌 칭찬**

"이번 프로젝트는 모든 팀원의 노력이 조화를 이루며 성공한 결과야. 특히 A가 기획을 주도하고, B가 자료 조사를 철저히 해줘서 더욱 효과적이었어."

건설적인 피드백과 함께 인정하기

인정은 단순한 칭찬이 아니라, 상대방이 더 성장할 수 있도록 피드백과 함께 제공될 때 더욱 효과적입니다. 긍정적인 면을 강조하면서도 발전할 수 있는 부분을 언급하면 부담을 주지 않으면서도 지속적인 성장을 유도할 수 있게 됩니다. 구체적인 칭찬과 함께 성장할 수 있는 방향을 제시하며, 부담 없이 피드백을 받아들일 수 있도록 부드러운 표현을 사용합니다.

- **비효율적 칭찬**

"완벽한 발표였어!"

• 균형잡힌 칭찬

"오늘 발표에서 핵심 내용을 명확하게 전달한 점이 좋았어. 다음에는 시각 자료를 더 활용하면 더 효과적일 것 같아."

적절한 빈도와 타이밍을 고려한 인정

칭찬이 지나치게 자주 반복되면 진정성을 잃을 수 있으며, 적절한 순간에 전달되지 않으면 효과가 감소할 수 있습니다. 상황에 맞는 적절한 순간을 포착하여 인정해야 합니다. 칭찬의 빈도를 조절하고, 적절한 시점을 고려하여 전달하며, 지나치게 반복적인 칭찬 대신 의미 있는 순간에 강조하여 인정해주면 동기부여가 극대화됩니다.

• 비효율적 칭찬

"넌 항상 잘해!"

• 균형잡힌 칭찬

"이번 프로젝트에서 예상치 못한 문제가 발생했는데도 차분하게 해결해 나가는 모습이 인상적이었어."

균형 잡힌 인정이 가져오는 변화

✔ 개인의 성장 촉진

강점을 강화하면서도 지속적으로 발전할 수 있는 기회를 제공합니다.

✔ 신뢰 기반의 관계 형성

진심 어린 인정과 피드백이 신뢰를 높이고 건강한 관계를 유지하는 데 기여합니다.

✔ 조직 및 팀워크 강화

솔직한 피드백과 긍정적인 인정이 조화를 이루면 조직 내 협업이 원활해집니다.

✔ 지속 가능한 동기부여 제공

결과뿐만 아니라 과정과 노력도 인정받을 때, 사람들은 장기적으로 동기를 유지할 수 있습니다.

균형 잡힌 인정법은 단순한 칭찬을 넘어, 상대방의 가치를 온전히 전달하면서도 성장과 발전을 도모하는 방법입니다. 이를 통해 더 건강한 관계를 형성하고 지속 가능한 동기부여를 만들어 갈 수 있습니다.

균형 잡힌 인정과 솔직한 피드백의 조화

올바른 인정과 피드백이 만드는 성장의 기회

구체적 칭찬은 진정성을 높여 강점 인식을 돕는다.

과정 중심 인정은 지속적 성장과 도전 의지를 강화한다.

형평성 있는 인정은 팀워크와 공정한 분위기를 만든다.

칭찬에 건설적 피드백을 더하면 부담 없이 개선을 유도한다.

적절한 타이밍과 빈도의 인정은 동기부여 효과를 극대화한다.

인정 부족은 무기력과 번아웃을 유발할 수 있다.

PART 4

성장의 핵심 요소,
인정과 자존감

인정과 자존감은 밀접한 관계를 가지며, 인정받는 경험은 개인의 자존감 형성과 유지에 중요한 역할을 합니다. 자존감이 높은 사람은 자신의 가치를 확신하며 긍정적인 대인관계를 형성하는 반면, 자존감이 낮은 사람은 인정받지 못할 때 쉽게 위축되거나 불안감을 느낄 수 있습니다. 따라서 건강한 자존감을 유지하기 위해서는 적절한 인정이 필요하며, 이를 바탕으로 개인과 조직이 어떻게 성장할 수 있는지 살펴보겠습니다.

건강한 자존감을 키우는 인정의 힘

인정이 자존감에 미치는 긍정적인 영향

사람은 인정받을 때 자신을 더 소중하게 여기게 됩니다. 반복적으로 긍정적인 피드백을 받으면 자기 능력을 신뢰하게 되고, 새로운 도전을 할 용기가 생깁니다. 작은 칭찬이라도 진심이 담겨 있다면 동기부여가 되어 성취감을 느끼게 되고, 더욱 나아가려는 힘이 생깁니다. 또한, 인정하는 분위기가 자리 잡으면 사람들은 서로를 더욱 존중하게 되며, 자연스럽게 긍정적인 관계가 형성됩니다. 인정이 단순한 말 한마디가 아니라 사람의 태도와 행동을 변화시키는 강력한 원동력이 될 수 있는 이유입니다.

- **자기 가치감 강화**

반복적인 긍정적 피드백은 자기 효능감을 높이고, 자신을 긍정적으로 바라보는 태도를 형성합니다. 상사가 *"이번 프로젝트에서 네 기획이 핵심적인 역할을 했어. 덕분에 결과가 훨씬 좋아졌어."* 라고 말하면, 직원은 자신의 능력을 신뢰하고 더욱 적극적으로 업무에 임하게 됩니다.

- **동기부여와 성취감 증대**

자신의 노력이 인정받을 때 동기부여가 되고, 성취감을 느끼게 됩니다.
선생님이 *"네가 얼마나 노력했는지 알고 있어. 네 노력 덕분에 성적이 점점 향상되고 있구나."* 라고 말하면, 학생의 학습에 대한 열정이 커지게 됩니다.

- **대인관계 긍정적 변화**

인정경험이 많을수록 자신감이 높아지고, 긍정적 피드백을 주고받는 습관이 형성됩니다. 동료가 *"네 아이디어 덕분에 오늘 회의가 훨씬 생산적이었어."* 라고 말하면, 상대방도 자연스럽게 동료를 인정하는 문화를 형성하게 됩니다.

인정받지 못할 때 자존감이 겪는 부정적 영향

인정이 부족하면 사람은 점점 자신을 의심하게 됩니다. 오랜 시간 노력해도 인정받지 못하면 스스로를 평가절하하게 되고, 자존감이 흔들리기 쉽습니다. 이런 경험이 반복되면 타인과의 관계에서도 위축되어 의견을 표현하는 것이 어렵게 느껴질 수 있습니다. 또한, 아무리 노력해도 변하는 것이 없다는 생각이 들면 동기가 사라지고 무기력해지기 쉽습니다. 결국, 인정받지 못하는 경험은 자아에 대한 신뢰를 약화시키고, 행동과 감정 전반에 부정적인 영향을 미칠 수 있습니다.

- **자아의심과 자기비하**

지속적으로 인정받지 못하면 자신의 능력과 가치 의심하게 됩니다.

오랜 기간 노력했지만 성과를 인정받지 못한 사람은 '나는 정말 무능한가?'라는 의문을 가지게 됩니다.

- **대인관계의 위축**

반복되면 관계에서도 자신감을 잃고 소극적이 됩니다.

친구들이 자신의 의견을 무시하는 경험이 누적되면, 점점 자신의 생각을 표현하지 않으려 하게 됩니다.

- **동기저하와 무기력함에 빠짐**

동기부여가 낮아지고, 무기력한 상태에 빠질 수 있습니다.

회사에서 자신의 성과를 아무도 알아주지 않는다면, 더 이상 최선을 다하려는 의지가 줄어들 수 있습니다.

건강한 자존감을 위한 인정 활용법

- **자기인정 습관화**

타인의 인정에 의존하지 않고, 스스로를 인정하는 연습이 필요합니다.

매일 '오늘 내가 잘한 점은 무엇인가?' 기록합니다.

• 주변에 인정 표현

인정하는 문화를 형성하면 본인도 인정받을 기회를 얻게 됩니다.

하루에 한 번씩 감사하거나 인정하는 말을 건네봅니다.

• 의미있는 인정찾기

단순 칭찬보다 진정성 있는 인정이 자존감을 높여줍니다.

'무엇이 나를 가치 있게 만드는가?' 고민하고 내면화 해봅니다.

건강한 자존감을 위한 조직 문화 만들기

조직문화	설명 및 실천방안
인정 시스템	직원들의 성과를 인정하고 보상하는 시스템 구축 우수 직원 시상, 피드백 공유 시스템 운영
리더십 교육	진정성 있는 피드백 제공하는 방법 교육 '진정성 있는 인정의 중요성'에 대한 워크숍 진행
피드백 문화	수평적인 인정이 활성화될 수 있도록 장려 팀 내 '칭찬 릴레이' 운영, 서로를 인정하는 문화를 만들기

건강한 자존감을 위한 핵심 포인트

핵심 포인트	설명
스스로를 인정하는 습관 기르기	- 팀원들이 실패 경험을 자유롭게 공유할 수 있도록 분위기를 조성합니다. - 실패 사례를 통해 배울 점을 찾고, 이를 조직 전체가 활용할 수 있도록 합니다.

타인의 노력을 적극적으로 인정하기	- 실패 속에서도 창의적인 시도와 배움을 인정하는 문화를 조성합니다. - 새로운 도전을 시도한 직원들에게 보상을 제공할 수도 있습니다.
진정성 있는 피드백을 주고받기	- 실패를 개인적인 실수로 치부하는 것이 아니라, 조직이 함께 성장하는 과정으로 바라봅니다.
개인의 성장을 반영하는 인정하기	실패를 인정하고 성장을 지원하는 조직은 창의적인 인재들에게 매력적인 근무 환경이 됩니다.
조직내 인정이 중요한 요소임을 인식하기	상호 인정이 활발한 조직은 직원 만족도와 생산성이 높음

　인정과 자존감은 서로 긴밀하게 연결되어 있으며, 타인의 인정은 개인의 자신감을 형성하는 데 중요한 역할을 합니다. 그러나 건강한 자존감을 위해서는 타인의 인정뿐만 아니라 스스로 자신의 가치를 인정하는 습관도 필요합니다. 개인과 조직이 함께 긍정적인 인정 문화를 형성할 때, 더 나은 관계와 성장을 이끌어낼 수 있습니다.

| 자존감을 해치지 않는 균형 잡힌 인정법

　인정은 자존감을 형성하고 강화하는 중요한 요소지만, 방식에 따라서는 오히려 자존감을 해칠 수도 있습니다. 지나친 칭찬이나 비교를 동반한 인정은 상대방에게 부담을 줄 수 있으며, 반대로 인정이 부족하면 자존감이 낮아질 수 있습니다. 균형 잡힌 인정법은 상대방의 성장과 긍정적인 자기 인식을 돕는 방식으로 이루어져야 합니다. 여기에서는 자존감을 보호하면서도 건강한 인정 문화를 형성하는 방법을 살펴보겠습니다.

과장된 칭찬 대신 진정성 있는 인정하기

무조건적인 칭찬은 겉보기에는 자존감을 높이는 것처럼 보이지만, 비현실적인 기대를 형성하여 실수했을 때 좌절감을 유발하기 쉽습니다. 효과적인 피드백을 위해서는 구체적이고 사실 기반의 인정을 제공하는 것이 중요합니다.

과장된 칭찬의 문제점

예시: *"너는 모든 일을 완벽하게 해내!"*

문제점

비현실적인 기대를 조성하여 실수를 받아들이기 어렵게 만듦

완벽해야 한다는 부담감으로 인해 스트레스 증가

실패 시 자존감이 크게 흔들릴 위험이 있음

진정성 있는 인정의 효과

예시: *"이번 프로젝트에서 네가 세부 데이터를 꼼꼼하게 정리한 덕분에 팀이 더 정확한 결정을 내릴 수 있었어."*

개선 방안:

객관적인 성과 강조 → 구체적인 행동과 결과를 언급하여 신뢰도 증가

자신감 향상 → 현실적인 성취감을 부여하여 지속적인 성장 유도

내재적 동기부여 → 노력과 과정에 대한 피드백을 통해 발전 방향 제시

비교 없이 개별적인 성장을 인정하기

"너는 다른 사람보다 더 잘해."라는 식의 인정은 상대방이 끊임없이 타인과 비교하게 만들 수 있습니다. 이는 외부 평가에 의존하는 태도를 형성하고, 경쟁심을 자극하여 자존감을 약화시킬 가능성이 있습니다. 대신, 과거의 자기 자신과 비교하여 성장을 인정해 주는 것이 더욱 효과적입니다.

비교 기반 인정의 문제점

예시: *"팀원 중에서 네 성과가 제일 좋아!"*

문제점

타인과의 비교로 지속적으로 경쟁해야 한다는 부담감이 형성되고, 특정 상황에서의 인정은 지속적인 동기부여가 어려워질수 있으며, 타인이 더 좋은 성과를 냈을 때 좌절감을 느낄 가능성이 있습니다.

개별 성장 강조의 효과

예시: *"지난번보다 훨씬 자신감 있게 발표했어. 네가 연습한 노력이 정말 느껴졌어."*

개선 방안

자신의 과거와 비교 → 이전보다 향상된 부분을 구체적으로 언급하여 자기 성장에 집중하도록 유도합니다.

노력과 과정에 집중 → 결과뿐만 아니라 노력한 과정까지 인정하여 지속적인 동기를 부여합니다.

내재적 동기 강화 → 타인의 평가보다 본인의 발전을 기준으로 삼게 합니다.

무조건적인 칭찬보다 구체적인 피드백 제공하기

단순한 칭찬은 순간적인 만족감을 줄 수 있지만, 구체적인 피드백이 없으면 장기적인 성장을 유도하기 어렵습니다. 구체적인 행동이나 성취를 언급하면 상대방이 자신의 강점을 더욱 명확하게 인식하고 발전시킬 수 있습니다.

빈약한 칭찬의 문제점

예시: *"대단해!"*

문제점

칭찬을 받는 사람 입장에서 무엇이 대단한지 알기 어려우며, 피드백이 모호하여 자신의 강점이나 개선할 부분을 파악하기 어려워지고 반복될수록 칭찬의 의미가 희석될 가능성이 있습니다.

구체적인 인정의 효과

예시: *"오늘 발표에서 핵심 내용을 간결하게 정리한 부분이 특히 인상적이었어. 덕분에 청중이 쉽게 이해할 수 있었어."*

개선 방안:

구체적인 행동 언급 → 상대방이 어떤 점에서 긍정적인 평가를 받았는지 명확하게 이해 가능합니다.

강점 인식 강화 → 자신의 능력과 성취를 자각하고 발전 방향을 설정합니다.

장기적인 성장 유도 → 구체적 피드백으로 지속적 발전 기회를 제공합니다.

성과뿐만 아니라 노력과 태도를 인정하기

결과만 강조하면 과정에서의 노력을 간과할 위험이 있습니다. 반면, 성취뿐만 아니라 노력과 태도를 함께 인정하면, 실패했을 때도 자존감을 유지할 수 있으며 지속적인 성장을 유도할 수 있습니다.

결과 중심 인정의 문제점

예시: *"1등 했으니까 최고야!"*

문제점

성과에만 초점을 맞추어 과정에서의 노력이나 성장 과정을 간과하게 되면 다음번에도 좋은 성과를 내지 못하면 인정받지 못할 것이라는 불안감을 조성하게 되고, 외부 평가에 의존하게 되어 내재적 동기부여가 약해질 가능성이 존재합니다.

과정 중심 인정의 효과

예시: *"결과도 훌륭했지만, 네가 이 목표를 이루기 위해 꾸준히 연습한 점이 더 인상적이야."*

개선 방안

노력과 과정 강조 → 성취뿐만 아니라 과정에서의 성장과 태도를 인정하여 지속적인 동기부여를 유도합니다.

자기 효능감 강화 → 특정한 결과가 나오지 않더라도 스스로의 노력을 인정할 수 있도록 합니다.

장기적인 발전 유도 → 단기적인 성과에 집착하는 것이 아니라 꾸준한 성장을 목표로 하도록 합니다.

인정과 건설적 피드백의 균형 맞추기

아무리 작은 성과라도 과하게 인정하면 칭찬이 과장되게 느껴지거나 진정성이 부족하게 전달될 수 있습니다. 따라서, 단순한 인정에 그치지 않고 발전할 수 있는 방향을 함께 제시하면 지속적인 성장을 유도할 수 있습니다.

지나친 인정의 문제점

예시: *"이 정도면 완벽해!"*

문제점

발전할 여지가 있음에도 불구하고 더 나아지려는 동기를 떨어뜨릴 수 있으며, 칭찬이 반복될수록 형식적으로 느껴져 신뢰도를 낮출 가능성이 있고, 비판적 사고 없이 현재 상태에 만족하게 될 가능성이 높습니다.

균형 잡힌 인정과 피드백의 효과

예시: *"이번 글이 정말 흥미로웠어. 다음번에는 더 다양한 예시를 포함하면 독자들에게 더 쉽게 다가갈 수 있을 것 같아."*

개선 방안

인정과 개선점을 함께 제시 → 긍정적인 부분을 강조하면서 동시에 발전 방향을 제공하여 동기를 부여합니다.

구체적인 피드백 제공 → 막연한 칭찬이 아닌 구체적인 개선점을 전달하여 실질적인 성장을 유도합니다.

지속적인 성장을 위한 균형 유지 → 현재의 성과를 인정하면서도 더 나아질 수 있도록 격려합니다.

인정받는 상대방의 감정을 고려하기

일부 사람들은 과도한 칭찬을 받으면 부담을 느끼거나 불편함을 느낄 수 있습니다. 상대방이 편하게 받아들일 수 있도록 자연스럽고 편안한 방식으로 인정하는 것이 중요합니다.

과한 인정의 문제점

예시: *"네 덕분에 이 팀이 존재하는 거야!"*

문제점

상대방이 과도한 책임감을 느낄 수 있고, 인정이 비현실적으로 들릴 경우 진정성이 떨어질 수 있으며, 지속적으로 비슷한 칭찬을 들으면 부담감이 커지고, 기대치에 맞춰야 한다는 압박을 받을 가능성이 존재합니다.

적정한 인정의 효과

예시: "오늘 네가 도와줘서 정말 고마웠어. 덕분에 일이 훨씬 수월하게 진행됐어."

개선 방안

부담 없이 받아들일 수 있도록 자연스럽게 표현 → 구체적인 기여를 언급하면서도 부담스럽지 않게 전달합니다.

진정성을 유지하면서 현실적인 인정 제공 → 현실적인 수준에서 상대방이 공감할 수 있는 표현을 사용합니다.

긍정적인 영향을 강조하되 부담을 최소화 → 상대방이 자신의 기여를 긍정적으로 받아들이도록 유도합니다.

균형감있게 인정하려면

- **단순칭찬보다는 구체적인 내용과 근거를 포함하여 인정하기**
- **타인과 비교하는 방식 대신 개인의 성장 과정에 초점 맞추기**

- 성과뿐 아니라 노력과 태도도 인정하여 지속적인 동기부여
- 과장된 표현보다는 진정성 있는 피드백을 통해 신뢰 형성
- 발전 가능성을 고려한 건설적인 피드백 포함하기

자존감을 해치지 않는 균형 잡힌 인정법은 과장된 칭찬을 지양하고, 구체적이고 진정성 있는 피드백을 제공하는 데 있습니다. 또한 개인의 성장을 고려한 인정이 이루어질 때, 자존감이 강화되면서도 지속적인 발전을 유도할 수 있습니다.

인정과 자존감: 성장의 핵심 요소

건강한 자존감을 키우는 인정의 힘

인정은 자존감을 높여 자신감과 동기부여를 강화한다.

반복된 인정은 긍정적 대인관계와 성장 습관을 만든다.

인정 부족은 자아 의심과 대인관계 위축을 초래한다.

자기 인정을 통해 외적 인정 의존을 줄이고 내적 동기를 키운다.

조직의 인정 문화는 직원 만족과 협업을 촉진한다.

자존감을 해치지 않는 균형 잡힌 인정법

과장된 칭찬보다 진정성 있는 인정이 자존감을 지킨다.

비교 대신 개인의 성장과 노력을 강조해야 한다.

구체적 피드백은 강점 인식과 지속적 발전을 돕는다.

성과뿐 아니라 과정과 태도를 인정하면 동기부여가 유지된다.

인정은 상대의 감정을 고려해 자연스럽게 전달해야 한다.

PART 5

인정의 사회적 한계와 극복방안

인정은 개인의 자존감을 높이고 관계를 개선하는 중요한 요소이지만, 사회적 환경과 문화적 요인에 따라 한계를 가질 수 있습니다. 특정 문화, 조직 구조, 사회적 편견 등이 인정의 효과를 제한하기도 하며, 때로는 과도한 인정이 부담을 줄 때도 있습니다. 이러한 한계를 극복하고 건강한 인정 문화를 정착시키기 위해 고려해야 할 요소들을 살펴보겠습니다.

┃ 사회적 장벽을 넘어서는 인정 문화

문화적 차이에 따른 인정의 한계

항목	내용
개별주의 문화 (서구권)	개인의 성취와 노력 강조, 공개적인 인정이 일반적임. 미국, 캐나다에서는 직장에서 개인 성과를 공개적으로 칭찬하는 것이 흔하며, 이는 동기부여로 작용함

집단주의 문화 (동아시아권)	팀워크와 공동체 중시, 개별인정시 부담 한국, 일본에서는 공개적인 칭찬보다 팀의 공로를 강조하는 경향이 강함.
겸손을 강조하는 문화	스스로를 낮추는 태도를 미덕으로 여김, 공개적인 인정 부담 한국에서는 칭찬을 받으면 "별거 아닙니다"라고 겸손하게 반응하는 경우가 많음.

조직 내 인정의 한계

수직적 조직 문화에서는 인정이 상하 관계에서 형식적으로 흐를 가능성이 있습니다.

- **팀원이 상사의 기여를 공개적으로 칭찬하기 어려우며, 상사의 칭찬이 권위적인 태도로 보일 수 있습니다.**
- **일부 직원만 자주 인정받으면, 다른 직원들은 소외감을 느끼며 동기부여가 저하될 수 있습니다.**
- **'이달의 직원' 제도가 특정한 방식으로만 운영될 경우, 진정성이 부족한 의무적인 인정으로 인식될 가능성이 있습니다.**

사회적 편견과 인정의 불균형

성별, 연령, 인종, 직업적 지위 등에 따라 인정받기 어려운 경우가 존재합니다.

- **여성 리더가 같은 성과를 내더라도 남성보다 덜 인정받는 경우가 있으며, 일부 산업에서는 젊은 직원이 기여를 인정받기 어려울 수 있습니다.**

사회적으로 필수적인 역할을 수행하는 직업이 충분히 인정받지 못하는 경우가 많습니다.

• 보육 교사, 요양보호사, 환경미화원 등의 직업은 필수적인 역할을 수행하지만, 보상과 인정이 부족한 경우가 많습니다.

인정이 남용될 때의 문제점

반복적이고 과장된 인정은 오히려 부담을 주거나, 진정성을 의심받을 수 있습니다.

• "너 없으면 팀이 돌아가지 않아" 라는 말을 자주 들으면, 해당 직원이 과도한 책임감을 느끼며 스트레스를 받을 가능성이 있습니다.

조직에서 인정이 단순한 동기부여 수단으로 남용될 경우, 신뢰를 떨어뜨릴 위험이 있습니다.

• 기업이 성과를 높이기 위해 "잘하고 있다" 라는 피드백을 남발할 경우, 직원들이 이를 신뢰하지 않게 될 가능성이 있습니다.

인정의 사회적 한계를 극복하는 방법

모든 사람이 같은 방식의 인정에 반응하는 것은 아니므로, 개인의 성향과 문화적 배경을 고려한 인정이 필요합니다.

• 공개적인 칭찬을 부담스러워하는 사람에게는 비공식적인 자리에서 피드백을 제공하는 방식이 효과적일 수 있습니다.

특정 개인만 인정하는 것이 아니라, 팀 전체의 성과를 함께 조명하는 방식이 필요합니다.

• 프로젝트에서 모두가 각자의 역할을 잘 해냈음을 강조하며, 개별 기여를

포함한 팀 단위의 인정을 제공하는 것이 효과적입니다.

사회적으로 인정받기 어려운 직군이나 계층에 대한 인식 개선이 필요하며, 정책적인 지원도 병행되어야 합니다.

• 의료진, 환경미화원 등 사회 필수 노동자들의 기여를 공식적으로 인정하는 캠페인이나 보상 체계를 마련하는 것이 중요합니다.

조직 내에서 인정이 단순한 동기부여 수단이 아닌, 신뢰를 바탕으로 한 문화로 정착되어야 합니다.

• 단순히 성과가 좋았다는 말뿐만 아니라, '왜 그것이 중요했는지, 어떤 영향을 미쳤는지'를 함께 공유하는 방식이 효과적입니다.

인정은 자존감 형성, 동기부여, 관계 개선 등 다양한 긍정적 효과를 가지지만, 문화적 차이, 조직 구조, 사회적 편견 등에 의해 그 효과가 제한될 수 있습니다. 따라서 효과적인 인정 문화를 정착시키기 위해서는 개별적인 접근, 팀 중심의 균형 잡힌 인정, 사회적 인식 개선 등의 노력이 필요합니다.

역효과를 방지하는 실천법

인정은 긍정적인 영향을 미칠 수 있지만, 잘못된 방식으로 사용되면 오히려 부작용을 초래할 수 있습니다. 과도한 인정은 부담을 주거나, 진정성을 의심받게 만들며, 특정 집단이나 개인에게만 집중될 경우 관계의 균형을 무너뜨릴 수도 있습니다. 따라서 인정의 역효과를 방지하기 위해서는 균형 잡힌 접근법과 실천법이 필요합니다. 여기에서는 인정의 긍정적인 효과를 극대화하면서도 부정적인 영향을 최소화하는 방법을 구체적으로 살펴보겠습니다.

진정성 있고 균형 잡힌 인정 실천하기

구체적으로 표현하기

진정성 있는 인정은 막연한 칭찬이 아니라 구체적인 행동과 기여를 강조하는 것이 중요합니다. 상대방이 자신의 기여를 명확히 인식할 수 있도록 구체적으로 표현해야 합니다.

좋은 예: *"오늘 회의에서 네가 제시한 해결책이 정말 유용했어. 덕분에 논의가 더 깊어질 수 있었어."*

구체적인 기여를 언급하여 상대방이 자신의 강점을 명확히 인식하도록 도와주며, 인정받는 사람이 어떤 부분에서 긍정적인 영향을 미쳤는지 이해할 수 있고, 지속적인 성장과 동기부여를 유도하게 됩니다.

나쁜 예: *"넌 항상 최고야!"*

형식적으로 들릴 가능성이 있으며, 구체적인 내용이 없어 상대방이 어떤 점이 인정받았는지 이해하기 어렵습니다. 또한 자주 반복될 경우 칭찬의 신뢰도가 떨어질 수 있습니다.

형평성 있는 인정 제공하기

특정 개인에게만 집중된 칭찬은 조직 내 불균형을 초래할 수 있습니다. 모든 구성원의 기여를 고려하고, 성과뿐만 아니라 과정도 함께 인정하면 지속적인 동기부여를 유도할 수 있습니다.

좋은 예: *"이번 프로젝트는 모든 팀원이 노력해준 덕분에 성공할 수 있었어. 특히 네가 데이터 분석을 철저하게 해준 점이 큰 도움이 됐어."*

팀 전체의 기여를 인정하면서도 특정 개인의 역할을 구체적으로 언급해 주었고, 협력과 팀워크를 강조하여 조직 내 균형을 유지하게 합니다. 특정 개인만이 아니라 전체적인 공헌을 고려한 피드백이 제공되어 긍정적인 영향력을 발휘할 수 있게됩니다.

나쁜 예: *"이 프로젝트는 네가 다 해낸 거야!"*

다른 팀원의 기여가 간과될 위험이 있고, 특정 개인에게만 공을 돌릴 경우 조직 내 형평성 문제가 발생할 수 있으며, 팀원 간의 신뢰와 협업을 저해할 가능성이 있습니다.

성과뿐만 아니라 과정에서의 노력도 함께 인정하면 지속적인 동기부여가 가능합니다.

좋은 예: *"결과도 훌륭했지만, 네가 이를 위해 꾸준히 노력한 과정이 더 인상적이야."*

성취뿐만 아니라 노력과 과정도 함께 평가하여 내재적 동기부여를 강화합니다. 실패하더라도 과정에서 배운 점을 인정받아 지속적인 성장이 가능해지며 노력 중심의 피드백을 통해 장기적인 발전이 가능해집니다.

나쁜 예: *"1등 했으니까 최고야!"*

결과만 강조할 경우 실패에 대한 두려움을 유발할 수 있으며, 성과 중심의 인정은 경쟁심을 조장하고 스트레스를 증가시킬 가능성이 있습니다. 성과가 저조한 경우 인정받을 기회가 줄어들어 동기부여가 어려워질 수 있게 됩니다.

피드백과 함께 균형 잡힌 인정 제공하기

단순한 칭찬보다는 구체적인 피드백을 포함하여 균형 잡힌 인정을 제공해야 합니다.

좋은 예: *"이번 발표에서 네가 핵심 내용을 잘 전달한 점이 좋았어. 다음에는 사례를 조금 더 추가하면 더 효과적일 것 같아."*

구체적인 강점을 언급하여 상대방이 자신의 장점을 명확히 인식할 수 있도록 도와줍니다. 단순한 칭찬이 아닌 개선점을 함께 제시하여 지속적인 성장을 유도하며, 긍정적인 부분을 먼저 강조한 후 피드백을 제공하여 동기부여를 강화해줍니다.

나쁜 예: *"완벽한 발표였어!"*

개선 가능성을 닫아버릴 수 있으며, 단순한 칭찬으로 들려 피드백의 실효성이 떨어질 수 있습니다. 지속적인 발전을 위한 방향을 제시하지 않아 성장이 정체될 가능성 또한 존재합니다.

현재 성과만 강조하는 것이 아니라, 지속적인 성장을 장려하는 방식으로 인정해야 합니다.

좋은 예: *"이전보다 훨씬 자연스럽게 발표했어. 네가 연습한 노력이 정말 느껴졌어. 앞으로도 계속 발전할 거라고 믿어."*

과거와 비교하여 발전한 점을 강조하여 성취감을 높여주며, 노력한 과정을 인정하여 지속적인 동기부여를 제공합니다. 미래의 가능성을 열어두어 성장에 대한 긍정적인 기대감도 심어줍니다.

나쁜 예: *"너는 원래 발표를 잘해."*

노력보다 타고난 능력에 초점을 맞추면 성장 동기를 저하시킬 수 있으며, 현재 상태에 대한 인정만 있고 발전 가능성을 고려하지 않게되면 과정이 아닌 결과만 강조하게 되어 지속적인 동기부여가 어려울 수 있습니다.

인정의 방식을 다양화하기

모든 사람이 말로 받는 칭찬을 선호하는 것은 아닙니다. 상대방이 편하게 받아들일 수 있도록 다양한 방식으로 인정을 표현하는 것이 중요합니다.

• **비언어적 인정:** 중요한 회의에서 팀원의 의견을 적극적으로 경청하고, 긍정적인 반응을 보여줍니다.

• **맞춤형 인정:** 어떤 사람은 공개적인 칭찬을 선호하지만, 어떤 사람은 1:1 피드백을 더 편하게 느낄 수도 있습니다.

지속 가능한 인정 문화 만들기

과도한 칭찬은 익숙해지면 가치가 희석될 수 있습니다. 효과적인 인정 문화는 형식적인 칭찬이 아니라 의미 있는 피드백을 제공하는 데 초점을 맞춰야 합니다.

• **중요할 때 의미 있는 피드백 제공:** 반복적으로 같은 칭찬보다는, 중요한 순간에 진정성 있는 피드백을 제공하는 것이 효과적입니다.
• **형평성 유지:** 직급이나 역할과 관계없이 모든 구성원이 자신의 기여를 인정받을 수 있는 환경을 조성해야 합니다.

진정성 있는 인정은 구체적 표현, 형평성 유지, 피드백 포함, 다양한 방식 활용, 지속 가능성 고려를 기반으로 이루어져야 합니다. 이를 실천하면 상대방에게 부담을 주지 않으면서도 긍정적인 영향을 줄 수 있습니다.

인정의 사회적 한계와 극복방안

사회적 장벽을 넘어서는 인정 문화

문화적 차이가 인정 방식과 효과에 영향을 미친다.

위계적 조직은 형식적 인정으로 진정성을 잃기 쉽다.

특정 집단과 직업은 인정받기 어려운 구조적 한계가 있다.

과도한 인정은 부담과 신뢰 저하를 초래할 수 있다.

맞춤형 인정과 팀 중심 접근이 한계 극복에 효과적이다.

역효과를 방지하는 실천법

구체적이고 진정성 있는 인정이 성장을 촉진한다.

형평성 있는 칭찬이 협업과 사기 증진에 도움된다.

피드백을 포함한 인정은 지속적 발전을 유도한다.

개인 성향에 맞춘 다양한 인정 방식이 필요하다.

반복 대신 의미 있는 시기의 인정이 동기부여를 높인다.

5부

상황별 인정법

·····································

실천을 위한 가이드

실천을 위한 가이드

가족에게 인정하기

　가족 내에서 진정성 있는 인정은 서로의 존재와 가치를 존중하고, 관계를 더욱 깊고 단단하게 만들어줍니다. 부모와 자녀, 배우자, 형제자매 간의 인정 표현은 단순한 칭찬을 넘어서, 상대방의 노력과 감정을 세심하게 이해하고 공감하는 방식으로 이루어져야 합니다.

| 가족 간의 인정, 관계를 깊게 만드는 힘

부모와 자녀 간의 인정

　부모의 인정은 자녀에게 긍정적인 영향을 미치지만, 그 방식에 따라 효과가 크게 달라질 수 있습니다. 과정과 노력을 강조하는 방식은 자녀의 성장을 촉진하는 반면, 결과 중심의 칭찬은 실패에 대한 불안감을 키울 수 있습니다.

좋은 예: *"오늘 시험 준비하느라 힘들었지? 그래도 네가 꾸준히 노력한 덕분에 좋은 결과가 나온 것 같아. 정말 자랑스러워."*

나쁜 예: *"네가 1등 해서 기쁘다!"*

자녀가 자신의 노력과 과정을 긍정적으로 받아들이도록 유도하며 성취의 원인을 스스로의 노력에서 찾도록 돕는 반면, 성취만을 강조하면 실패를 두려워하게 만들고 부모의 기대에 맞추려는 부담감을 느낄 가능성이 있습니다.

좋은 예: *"이번 미술 작품에서 네가 직접 색을 조합하고 창의적인 표현을 시도한 점이 인상적이었어."*

나쁜 예: *"선생님이 칭찬하셨다니 잘했네."*

외부 평가가 아닌 자녀의 창의적 사고와 과정 자체를 인정하여 자기 주도적인 성장을 촉진하는 반면, 외부 평가에 초점을 맞추면 자녀가 자신의 성취를 타인의 인정에 의존하게 되어 스스로 자신감을 가지기 어려워질 수 있습니다.

배우자 간의 인정

배우자 관계에서는 서로의 기여와 노력을 인정하는 것이 중요합니다. 단순한 칭찬보다는 상대방의 행동이 가져온 긍정적인 영향을 구체적으로 언급하면 더 큰 효과를 얻을 수 있습니다.

좋은 예: *"오늘 저녁 준비하느라 정말 고생했어. 덕분에 맛있게 잘 먹었어."*

나쁜 예: *"당연히 해야 할 일 아니야?"*

배우자의 수고를 직접적으로 언급하고 그로 인해 얻은 만족감을 표현하면 긍정적인 감정을 공유할 수 있는 반면, 상대방의 노력을 당연하게 여기면 인정받지 못하는 기분이 들 수 있어 관계 만족도가 낮아질 수 있습니다.

좋은 예: *"네가 아이들을 돌봐줘서 일을 마무리할 수 있었어. 정말 고마워."*
나쁜 예: *"그냥 도와준 거야."*

상대방의 기여를 구체적으로 언급하며 그 덕분에 자신이 어떤 도움을 받았는지 명확히 표현하면 감사를 더 진심으로 전달할 수 있는 반면, 배우자의 노력을 가볍게 여기거나 의미를 축소하면 상대방이 인정받지 못한다고 느껴 관계 만족도가 떨어질 수 있습니다.

형제자매 간의 인정

형제자매는 가까운 가족이면서도 자연스럽게 경쟁 관계에 놓일 수 있기 때문에 서로의 기여를 인정하는 것이 중요합니다. 긍정적인 인정 표현은 관계를 돈독하게 만들고, 상호 존중을 형성하는 데 도움을 줄 수 있습니다.

좋은 예: *"오늘 네가 도와줘서 진짜 고마웠어. 덕분에 훨씬 빨리 끝났어."*
나쁜 예: *"네가 해줘야 하는 거잖아."*

상대방의 행동이 가져온 구체적인 변화를 언급하며 감사를 표현하면 인정받는 기분을 느낄 수 있는 반면, 도움을 당연하게 여기거나 의무적으로 받아들이면 상대방이 불공평하다고 느껴 관계가 악화될 수 있습니다.

좋은 예: *"네가 시험 준비하느라 바빴을 텐데도 도와줘서 고마워. 덕분에 나도 시간을 절약할 수 있었어."*

나쁜 예: *"넌 원래 그런 거 잘하잖아."*

상대방이 도움을 주기 위해 기울인 노력을 인정하고 그로 인해 자신이 얻은 혜택을 구체적으로 표현하면 긍정적인 감정을 형성할 수 있는 반면, 노력보다는 타고난 능력만 강조하면 상대방이 인정받지 못한다고 느껴 동기부여가 떨어질 수 있습니다.

부모의 노력과 감정을 인정하는 표현

부모는 자녀를 위해 많은 희생과 노력을 하지만, 그것이 당연하게 여겨질 때 섭섭함을 느낄 수 있습니다. 부모의 헌신을 구체적으로 언급하고 감정을 공감하는 표현을 사용하면 관계가 더욱 깊어질 수 있습니다.

좋은 예: *"엄마, 어릴 때부터 매일 도시락 싸주시느라 힘드셨죠? 그때는 몰랐는데, 지금 생각해보니 그게 얼마나 큰 사랑이었는지 알 것 같아요."*

나쁜 예: *"엄마, 맨날 고생 많으셨겠어요."*

부모가 한 행동을 구체적으로 언급하며 당시의 노력과 사랑을 이제야 깨닫게 되었다는 점을 강조하면 더욱 진심이 전달되는 반면, 막연한 표현은 감동이 덜할 수 있고 부모가 진정으로 이해받고 있다는 느낌을 받기 어려울 수 있습니다.

좋은 예: *"아빠, 제가 어릴 때 공부 때문에 걱정하셨던 마음이 이제야 이해가 돼요. 저도 책임질 일이 많아지다 보니 그때 아빠가 왜 그러셨는지 알겠어요."*

나쁜 예: *"아빠도 힘드셨겠죠."*

부모가 느꼈던 감정을 자신의 경험과 연결하여 깊이 공감하면 부모도 자신의 감정이 존중받고 있다고 느낄 수 있는 반면, 그렇지 않으면 부모의 감정을 충분히 이해하지 못하는 인상을 주어 형식적인 위로로 보일 가능성이 있습니다.

인정 표현의 중요한 원칙

• **구체적인 행동과 강점 강조**

막연한 칭찬이 아닌, 구체적인 노력과 성과를 언급합니다.

• **실패를 성장의 기회로 해석**

단순한 위로가 아닌, 발전 가능성을 함께 제시합니다.

• **자율성과 독립성 존중**

자기 주도적인 행동을 인정하며 동기를 부여합니다.

• **사소한 성취도 인정**

작은 성공도 격려하여 지속적인 성장을 유도합니다.

• **비언어적 표현 활용**

말뿐만 아니라 행동으로도 감사를 전달합니다.

가족에게 인정하기

가족 간의 인정, 관계를 깊게 만드는 힘

과정과 노력을 인정하면 자녀의 자존감과 도전 의지가 높아진다.

구체적 감사 표현이 관계 만족도와 신뢰를 높인다.

사소한 도움도 인정하면 협력과 친밀감이 강화된다.

헌신을 구체적으로 언급하면 감동과 존중이 깊어진다.

구체성, 진정성, 작은 성취 인정이 관계를 돈독하게 만든다.

실천을 위한 가이드

직장에서 인정하기

직장에서의 인정은 직원들의 동기부여와 생산성을 높이는 핵심 요소입니다. 구체적이고 진정성 있는 인정은 개개인의 성장을 촉진할 뿐만 아니라, 팀워크와 조직 문화에도 긍정적인 영향을 미치게 됩니다.

▎직장 내 인정 문화, 동기부여와 팀워크의 원동력

직원 개개인의 기여를 인정하기

직원들의 노력을 구체적으로 인정하면 업무 몰입도가 높아지고, 성취감을 통해 더 적극적으로 업무에 임할 수 있습니다. 단순한 칭찬보다는 구체적인 기여를 언급하여 동기부여를 극대화하는 것이 중요합니다.

좋은 예: *"이번 프로젝트에서 네가 만든 보고서는 정말 체계적이고 설득력*

이 있었어. 특히 데이터 분석이 명확해서 고객이 쉽게 이해할 수 있었어."

나쁜 예: *"잘했어!"*

보고서의 체계성과 설득력을 강조하며 구체적으로 어떤 점이 유용했는지를 설명하면 직원이 자신의 강점을 인식하는 데 도움이 되는 반면, 막연한 칭찬은 직원이 어떤 부분에서 긍정적인 평가를 받았는지 알기 어렵고 동기부여 효과도 낮을 수 있습니다.

좋은 예: *"네가 이번 기획에서 신선한 아이디어를 제안한 덕분에 전체 방향이 훨씬 더 명확해졌어."*

나쁜 예: *"너는 항상 창의적이야!"*

직원이 어떤 방식으로 팀과 프로젝트에 기여했는지를 구체적으로 언급하면 자신의 역할을 더욱 자각하고 자부심을 느낄 수 있는 반면, 막연한 칭찬은 부담을 줄 수 있으며 특정한 기여가 아닌 성향에 대한 평가로 들려 실질적인 동기부여가 되지 않을 수 있습니다.

팀워크를 강조하는 인정 표현

직장에서 개별 성과를 인정하는 것도 중요하지만, 팀 직장에서 개별 성과를 인정하는 것도 중요하지만, 팀 전체의 협업을 강조하는 인정 표현은 조직 내 건강한 협력 문화를 조성하는 데 필수적입니다. 협력을 기반으로 한 인정은 팀원 간 신뢰를 높이고, 조직의 장기적인 성과에도 긍정적인 영향을 미칩니다.

좋은 예: *"이번 프로젝트는 모든 팀원이 노력한 덕분에 성공할 수 있었어. 특*

히 네가 데이터 분석을 철저하게 해줘서 큰 도움이 됐어."

나쁜 예: *"네 덕분에 다 해결됐어!"*

팀 전체의 기여를 인정하면서도 특정한 역할을 수행한 개인의 기여를 구체적으로 언급하면 균형을 맞출 수 있는 반면, 특정 개인에게만 공을 돌리면 다른 팀원의 기여가 간과될 수 있어 형평성이 깨질 가능성이 있습니다.

좋은 예: *"서로 협력하면서 문제를 해결할 수 있어서 의미 있었던 프로젝트였어. 앞으로도 이런 방식으로 일하면 더 좋은 결과가 나올 것 같아!"*

나쁜 예: *"우리 팀은 원래 잘해."*

팀워크를 강조하면서 협력의 긍정적인 효과를 구체적으로 표현하면 향후에도 같은 방식으로 일할 동기를 부여할 수 있는 반면, 막연한 표현은 구체적인 피드백이 부족하여 동기부여 효과가 낮고 팀원 개개인의 기여를 인정받는 느낌을 주기 어렵습니다.

동료 간의 작은 도움도 인정하기

작은 도움이라도 바로 인정하는 습관은 동료 간 신뢰를 형성하고 협업을 강화하는 데 큰 역할을 합니다. 상대방의 기여를 구체적으로 언급하면 긍정적인 업무 관계를 유지하는 데 도움이 됩니다.

좋은 예: *"네가 지난주에 업무를 나눠서 처리해 준 덕분에 마감을 맞출 수 있었어. 정말 고마워."*

나쁜 예: *"그거야 당연한 거 아니야?"*

도움을 준 구체적인 상황과 그로 인해 얻은 긍정적인 결과를 함께 언급하면 진정성이 전달되지만, 기여를 당연하게 여기면 동료가 인정받지 못하고 있다는 느낌에 협업 의지가 약화될 수 있습니다.

좋은 예: *"오늘 회의 자료 준비하느라 고생했어. 네 덕분에 다들 쉽게 이해할 수 있었어."*

나쁜 예: *"잘했네."*

구체적인 기여와 그로 인한 긍정적인 영향을 설명하면 상대방이 자신의 노력을 의미 있게 받아들일 수 있는 반면, 막연한 칭찬은 의미가 약해져 자신의 역할이 얼마나 중요한지 실감하기 어려울 수 있습니다.

상사의 리더십을 인정하는 표현

상사를 인정할 때는 단순한 칭찬보다 리더십이 조직과 프로젝트에 기여한 부분을 강조하는 것이 중요합니다. 구체적인 기여를 언급하면 진정성이 높아지고, 상사의 역할을 더 의미 있게 전달할 수 있습니다.

좋은 예: *"팀장님이 초기에 방향을 명확히 설정해 주신 덕분에 프로젝트를 효율적으로 진행할 수 있었습니다. 감사합니다."*

나쁜 예: *"팀장님 덕분이에요!"*

구체적인 기여(방향 설정)와 그로 인해 얻은 결과(효율적인 진행)를 함께 언급하면 진정성이 더욱 높아지는 반면, 기여한 부분이 구체적으로 언급되지 않으면 형식적인 칭찬처럼 들려 효과가 떨어질 수 있습니다.

좋은 예: "이번 회의에서 제시해 주신 피드백 덕분에 제 보고서가 훨씬 더 체계적으로 정리될 수 있었습니다."

나쁜 예: "좋은 조언이었어요."

상사의 조언이 구체적으로 어떤 영향을 미쳤는지를 언급하면 피드백이 더 의미 있게 전달되는 반면, 일반적인 표현은 진정성이 약해질 수 있어 상사가 자신이 어떤 부분에서 기여했는지 명확히 인식하기 어렵습니다.

직장에서 인정 표현의 중요한 원칙

- **구체적인 기여와 결과 강조**

막연한 칭찬이 아닌, 기여와 성과를 명확히 언급합니다.

- **형평성을 고려한 인정 제공**

특정인이 아닌 팀 전체의 기여를 공정하게 평가합니다.

- **즉각적인 피드백으로 동기부여 강화**

적절한 타이밍에 빠른 피드백 제공합니다.

- **맞춤형 피드백 활용**

1:1 또는 공개 피드백을 상황에 맞게 조정합니다.

직장에서 인정하기

직장 내 인정 문화, 동기부여와 팀워크의 원동력

구체적인 피드백은 직원의 몰입도와 책임감을 높인다.

팀 전체의 협업을 인정하면 유대감과 조직 내 균형이 강화된다.

사소한 기여도 즉각적으로 인정하면 협력적 분위기가 형성된다.

리더십의 구체적 기여를 언급하면 신뢰와 지원이 증진된다.

구체성, 형평성, 즉각성과 진정성이 긍정적 조직 문화를 만든다.

실천을 위한 가이드

어려운 사람에게 인정하기

어려운 사람을 인정하는 것은 감정적으로 쉽지 않지만, 관계를 개선하고 갈등을 완화하는 효과적인 방법이 될 수 있습니다. 상대방과 긍정적인 대화를 나누기 위해서는 그들의 강점과 기여를 찾아 인정하는 노력이 필요합니다.

| 어려운 관계를 풀어가는 인정의 기술

직장에서 어려운 동료와의 관계 개선

직장에서는 협업이 필수적이지만, 의견 차이나 성향의 차이로 인해 갈등이 발생할 수 있습니다. 이런 상황에서 상대방의 긍정적인 면을 인정하면 불필요한 감정적 대립을 줄이고 협력의 기회를 만들 수 있습니다.

좋은 예: *"저는 당신이 문제를 분석할 때 항상 꼼꼼하게 접근한다는 점을 높*

이 평가합니다. 이번 프로젝트에서도 그 분석력이 큰 도움이 되었어요."

　　나쁜 예: *"당신이랑 일하면 피곤해."*

상대방의 강점을 구체적으로 인정하면 협력적인 분위기를 형성하고 긍정적인 관계를 구축하는 데 도움이 되는 반면, 부정적인 인상만 강조하면 갈등이 심화될 가능성이 높고 협업이 더욱 어려워질 수 있습니다.

　　좋은 예: *"지난번 회의에서 네가 지적한 부분 덕분에 프로젝트가 더 견고해 졌어. 앞으로도 네 의견을 적극적으로 참고하고 싶어."*

　　나쁜 예: *"또 태클이야?"*

상대방의 비판적인 의견을 부정적으로 받아들이기보다는 그것이 도움이 되었음을 인정하면 협력적인 대화로 이어질 수 있는 반면, 상대방의 의견을 무시하거나 비판적인 태도를 보이면 감정적 대립이 심화될 가능성이 높아집니다.

가족 간의 갈등을 완화하는 인정 표현

가족 간의 갈등은 종종 서로의 감정을 이해하지 못하거나 노력과 희생이 당연하게 여겨질 때 발생합니다. 이럴 때 상대방의 노력과 가치를 인정하는 표현은 관계 개선의 실마리가 될 수 있습니다.

　　좋은 예: *"아빠, 제가 아빠가 항상 가족을 위해 헌신하시는 걸 존경하는 거 알죠? 그 점이 저한테 정말 큰 본보기가 돼요."*

　　나쁜 예: *"아빠는 맨날 잔소리만 하시잖아."*

부모의 헌신을 인정하고 존경하는 마음을 표현하면 관계가 더욱 돈독해질 수 있지만, 상대방의 노력을 무시하는 태도는 갈등을 더욱 심화시킬 수 있습니다.

좋은 예: *"엄마, 제가 최근에 바빠서 대화에 많이 참여하지 못했던 것 같아요. 엄마께서 그 점에 서운해하셨을 걸 알아요. 앞으로는 시간을 더 내서 함께 하려고 노력할게요."*

나쁜 예: *"내가 바쁜 걸 엄마가 이해해 줘야 하는 거 아닌가?"*

상대방의 감정을 이해하고 공감하며 관계를 개선하려는 의지를 표현하면 긍정적인 변화로 이어질 수 있지만, 자신의 책임을 회피하는 태도는 상대방의 감정을 소홀히 여기게 만들어 갈등을 심화시킬 수 있습니다.

친구 관계에서 부드러운 피드백을 활용해 오해를 줄이기

친구 관계에서는 상대방이 지나치게 비판적이거나 감정적으로 반응할 때 관계가 불편해질 수 있습니다. 이럴 때 상대방의 긍정적인 면을 인정하면서 피드백을 전달하면, 오해를 줄이고 관계를 개선할 수 있습니다.

좋은 예: *"네가 항상 디테일에 신경 쓰는 점이 정말 좋아. 이번에도 네가 지적한 부분이 우리 계획을 더 단단하게 만드는 데 도움이 됐어."*

나쁜 예: *"넌 왜 그렇게 트집을 잡아?"*

상대방의 장점을 먼저 인정한 뒤 피드백을 전달하면 긍정적인 관계를 유지하면서도 의견을 조율할 수 있지만, 부정적인 표현은 상대방이 방어적으로 반응하게 만들어 관계를 악화시킬 수 있습니다.

좋은 예: "네가 저번에 농담처럼 했던 말이 사실 좀 신경 쓰였어. 하지만 네 의도가 그런 게 아니었을 거라고 믿어. 우리가 앞으로는 조금 더 솔직하게 말할 수 있으면 좋겠어."

나쁜 예: "네가 한 말 진짜 기분 나빠. 다시는 그런 말 하지 마!"

자신의 감정을 표현하면서도 상대방의 의도를 긍정적으로 해석해주면 불필요한 오해를 줄이고 원활한 소통이 가능하지만, 공격적인 반응은 상대방이 반발하게 만들어 대화가 감정적인 대립으로 흐를 가능성을 높입니다.

어려운 관계에서도 인정 표현을 활용하는 핵심 원칙

• 상대방의 장점을 먼저 발견하려는 태도

무조건적인 감정 대립이 아니라 긍정적인 부분을 찾아 표현합니다.

• 진심 어린 태도로 구체적인 인정 표현

형식적이거나 억지스러운 칭찬을 피하고 구체적으로 언급합니다.

• 균형 잡힌 언어 사용

지나친 찬사보다는 객관적으로 상대방의 기여를 인정합니다.

• 문제와 사람을 분리하기

잘못된 행동을 지적하되, 상대의 긍정적인 면까지 부정하지 말아야 합니다.

어려운 사람에게 인정하기

어려운 관계를 풀어가는 인정의 기술

긍정적인 부분을 찾아 진심 어린 인정 표현을 사용한다.

상대방의 기여를 구체적으로 인정하면 협업과 관계 개선에 도움이 된다.

노력과 감정을 인정하면 신뢰가 깊어지고 감정적 거리감이 줄어든다.

비난 대신 긍정적 피드백으로 소통을 원활히 한다.

비판보다 해결 의지를 강조하면 관계 회복과 협력이 촉진된다.

실천을 위한 가이드

사회적 관계에서의 인정

사회적 관계에서 인정은 개인 간 신뢰를 구축하고, 원활한 소통을 촉진하며, 공동체의 결속력을 강화하는 중요한 요소입니다. 단순한 칭찬을 넘어서 상대방의 가치를 진정으로 이해하고 표현하는 과정이 포함되어야 하며, 이를 통해 더 건강한 사회적 분위기를 조성할 수 있습니다.

| 인정이 만드는 신뢰와 협력의 사회적 영향

상대방의 개성과 공헌을 강조하기

사회적 관계에서의 인정은 상대방의 고유한 개성을 존중하고, 공동체나 관계에서 기여한 점을 구체적으로 언급할 때 더욱 효과적입니다. 막연한 칭찬보다는 상대방이 어떤 방식으로 기여했는지를 명확히 표현하면, 인정의 진정성이 더욱 강화됩니다.

좋은 예: *"네가 유머를 던져줘서 모임이 훨씬 더 즐거웠어. 다들 편안해하는 게 느껴졌어."*

나쁜 예: *"오늘 분위기 좋았어."*

상대방의 개성을 구체적으로 칭찬하면 본인의 강점을 더욱 긍정적으로 받아들일 수 있는 반면, 막연한 표현은 상대방이 자신의 기여가 정확히 무엇인지 인식하기 어렵게 만들 수 있습니다.

좋은 예: *"네가 오늘 회의에서 정리해준 덕분에 핵심이 명확해졌어."*

나쁜 예: *"괜찮았어."*

상대방의 기여를 정확히 언급하면 자신의 역할이 중요하게 여겨진다는 느낌을 줄 수 있는 반면, 비구체적인 피드백은 상대방이 자신의 기여를 명확하게 인식하지 못하게 만들어 인정받았다는 느낌을 줄이게 됩니다.

갈등을 완화하고 관계를 개선하는 인정 활용

사회적 관계에서는 의견 차이나 갈등이 발생할 수 있지만, 상대방의 통찰력과 기여를 인정하는 방식으로 접근하면 갈등을 완화하고 더욱 건강한 관계를 형성할 수 있습니다.

좋은 예: *"지난번 회의에서 네가 제안했던 방향이 처음엔 낯설었는데, 곰곰이 생각해보니 새로운 시각을 열어주는 좋은 아이디어였어."*

나쁜 예: *"네 의견은 솔직히 좀 별로였어."*

처음에는 낯설게 느껴졌더라도 상대방 아이디어의 가치를 인정하면 더욱 생산적인 논의로 이어질 수 있는 반면, 이를 즉각적으로 부정하면 갈등이 심화될 가능성이 높습니다.

좋은 예: *"네가 지적한 부분 덕분에 더 나은 대안을 고민할 수 있었어."*

나쁜 예: *"또 태클이야?"*

상대방의 비판이 도움이 되었다는 점을 강조하면 의견 충돌을 협력적인 방향으로 전환할 수 있는 반면, 비판적인 의견을 무조건적으로 방어하거나 거부하면 상대방과의 신뢰가 깨지고 대화가 감정적으로 흐를 가능성이 커집니다.

공동체 내 협력을 증진하는 인정 활용

공동체 활동에서는 개인의 기여가 팀 전체의 성공으로 연결됩니다. 각자의 역할을 인정하는 표현을 통해 팀워크와 협력 문화를 강화할 수 있습니다. 단순한 결과 언급보다, 구성원들의 노력과 기여를 구체적으로 인정하면 협업의 동기를 높이고 조직의 유대감을 증진할 수 있습니다.

좋은 예: *"이번 행사가 성공적이었던 건 모두가 열심히 노력한 덕분이야. 특히 A가 자료를 꼼꼼하게 준비해줘서 진행이 훨씬 원활했어."*

나쁜 예: *"행사가 잘 끝나서 다행이야."*

팀 전체의 노력을 강조하면서도 개별적인 기여를 구체적으로 언급하면 구성원들이 자신의 역할을 더욱 가치 있게 느낄 수 있는 반면, 결과만 언급하고 노력에 대한 인정을 생략하면 팀원들이 자신의 기여가 평가받지 못했다고 느낄 수 있습니다.

좋은 예: *"네가 맡은 부분을 완벽하게 준비해줘서 팀이 큰 도움이 됐어."*

나쁜 예: *"네가 할 일이었잖아."*

역할 수행에 대한 인정과 감사 표현을 통해 협력적인 태도를 강화할 수 있는 반면, 상대방의 노력을 당연한 것으로 여기거나 무심하게 반응하면 공동체 내 협력 의지를 저하시킬 수 있습니다.

즉각적이고 자연스러운 피드백 제공

인정은 적절한 타이밍과 자연스러운 방식으로 제공될 때 더욱 효과적입니다. 막연한 칭찬이나 일반적인 피드백보다는, 상대방의 기여를 구체적으로 언급하면 인정의 진정성이 더욱 높아지고 동기부여에도 긍정적인 영향을 미칠 수 있습니다.

좋은 예: *"너 덕분에 정말 편해졌어. 바로 해결해줘서 고마워!"*

나쁜 예: *"네가 한 일 고마웠어."* *(막연한 피드백)*

어떤 부분에서 고마운지 명확하지 않으면 상대방이 자신의 기여를 충분히 인식하기 어려울 수 있는 반면, 상대방의 행동이 가져온 구체적인 변화를 언급하면 인정의 효과가 더욱 커지고 피드백이 진정성 있게 전달됩니다.

좋은 예: *"네 의견이 다른 시각을 제공해서 깊이 고민해볼 수 있었어."*

나쁜 예: *"네 의견이 좀 이상했어."*

부정적인 평가를 직접적으로 표현하면 상대방이 방어적으로 반응할 가능성이 높은 반면, 의견의 차이를 인정하면서도 긍정적인 영향을 강조하면 상대방이 자신의 기여를 더욱 의미 있게 받아들일 수 있습니다.

사회적 관계에서 인정 표현의 핵심 원칙

• **상대방의 개성과 공헌을 강조하기**

상대방의 개성과 기여를 존중하며 인정합니다.

• **갈등을 완화하고 관계를 개선하는 인정 활용**

상대방의 의견과 관점을 존중하는 표현합니다.

• **공동체 내 협력을 증진하는 인정 활용**

협업과 팀워크를 강화하는 피드백을 제공합니다.

• **즉각적이고 자연스러운 피드백 제공**

적절한 타이밍에 자연스럽게 표현합니다.

• **진정성과 타이밍을 중요하게 인식**

형식적인 칭찬이 아닌, 상대방이 의미를 느낄 수 있는 방식으로 표현합니다.

사회적 관계에서의 인정

인정이 만드는 신뢰와 협력의 사회적 영향

구체적으로 기여를 언급하면 자신감과 신뢰가 높아진다.

상대방의 의견을 존중하면 대화가 건설적이고 열린 태도가 형성된다.

팀워크와 협력을 강조하면 협업 문화가 강화된다.

적절한 타이밍에 구체적으로 표현하면 긍정적 상호작용이 유도된다.

봉사, 직장, 친구 관계에서 인정은 신뢰와 결속력을 높인다.

이해와 지지를 담은 인정은 관계의 안정과 친밀감을 강화한다.

지속적인 인정은 개인의 자아 존중감과 공동체 결속을 촉진한다.

실천을 위한 가이드

특정 직업군을 위한 인정법

각 직업군은 고유한 역할과 도전 과제를 가지고 있으며, 종사자들의 노력과 기여를 적절하게 인정하는 방식도 다릅니다. 맞춤형 인정법을 활용하면, 해당 분야의 종사자들이 자신의 가치를 더욱 실감하고 동기부여와 직무 만족도가 향상될 수 있습니다.

각 분야의 기여를 존중하는 방법

교사를 위한 맞춤형 인정법

교사는 학생들의 성장과 교육적 발전을 책임지는 중요한 역할을 합니다. 단순한 성과보다 교육 과정에서의 노력과 헌신을 인정하는 방식이 효과적일 수 있습니다.

성과보다 과정 중심의 인정

교사의 노력을 단순히 결과로 평가하기보다는, 수업 과정에서 학생들에게 긍정적인 영향을 준 점을 구체적으로 언급하면 더욱 의미 있는 인정이 됩니다.

예시 표현: *"학생들이 수업에 몰입하는 모습이 인상적이었어요. 선생님의 질문 방식 덕분에 사고력이 길러지는 것 같아요."*

학생의 성장과 연결된 인정

교사의 가르침이 학생에게 어떤 변화를 가져왔는지를 언급하면, 교사의 역할이 더욱 가치 있게 느껴질 수 있습니다.

예시 표현: *"학생이 선생님 덕분에 자신감을 찾았다고 하더군요. 그 변화를 만들어주신 선생님의 역할이 정말 컸어요."*

감정노동에 대한 공감과 감사 표현

학생들을 지도하는 과정에서 감정적인 어려움을 겪을 수 있는 교사들에게 공감과 감사를 표현하는 것은 매우 중요합니다.

예시 표현: *"학생들을 지도하면서 감정적으로 힘든 순간도 많으실 텐데, 항상 애써 주셔서 감사합니다."*

위의 예시처럼, 교사의 역할이 학생들에게 미치는 장기적인 영향을 강조하는 인정이 효과적일 수 있습니다.

의료 종사자를 위한 맞춤형 인정법

의료진은 환자의 생명을 다루며 긴박한 환경과 감정 노동을 겪습니다. 이들에게는 즉각적인 피드백과 감사를 제공하는 것이 중요하며, 특히 그들의 헌신이 환자의 회복과 직접적으로 연결됨을 강조하는 방식이 효과적입니다.

신속한 피드백과 감사 표현하기

의료진은 빠른 판단과 행동이 요구되는 환경에서 일하기 때문에, 즉각적인 피드백과 감사가 중요한 의미를 가질 수 있습니다.

예시 표현: *"환자를 세심하게 돌봐주셔서, 환자도 많이 안심한 것 같아요."*

환자의 회복과 연결된 인정 제공하기

의료진의 노력과 환자의 회복을 직접 연결해 언급하면, 의료진이 자신의 역할에 대한 보람을 더욱 크게 느낄 수 있습니다.

예시 표현: *"어제 치료받은 환자가 오늘 훨씬 나아졌다고 하더군요. 선생님의 치료 덕분이에요."*

정신적, 감정적 부담을 고려한 인정하기

의료 종사자들은 신체적 피로뿐만 아니라 감정적 부담도 크게 느낄 수 있기 때문에, 이를 공감하는 표현이 중요합니다.

예시 표현: *"많이 힘드실 텐데도 항상 따뜻하게 환자를 대해 주시는 모습이 존경스럽습니다."*

의료진은 응급 상황에서도 자신의 노력이 의미 있다는 피드백을 받을 때 가장 큰 보람을 느끼게 됩니다.

예술가를 위한 맞춤형 인정법

예술가는 창의성과 독창성을 중요하게 여기므로, 단순한 칭찬보다는 작품의 의미와 개성을 인정하는 것이 더욱 효과적입니다. 창작 과정의 노력과 예술이 사회에 미치는 영향을 강조하면, 예술가가 자신의 작품에 대한 가치를 더욱 깊이 인식할 수 있습니다.

창의성과 개성을 존중하는 인정

예술가의 독창적인 시각과 스타일을 인정하면, 그들의 창작 활동에 대한 동기부여를 높일 수 있습니다.

예시 표현: "당신의 작품에는 항상 독창적인 시선이 담겨 있어요. 많은 사람들이 감동을 받을 것 같아요."

창작 과정에 대한 인정

예술 작품은 결과뿐만 아니라 창작 과정에서의 노력과 실험이 중요한 의미를 가집니다.

예시 표현: "이 작품을 완성하기 위해 얼마나 많은 시도를 했는지 알겠어요. 그 열정이 그대로 전해집니다."

예술이 가진 사회적 영향 강조하기

예술이 다른 사람들에게 미친 영향을 언급하면, 예술가가 자신의 작업이 사회적으로 의미 있는 역할을 하고 있음을 더욱 실감할 수 있습니다.

예시 표현: "당신의 음악을 듣고 위로받았다는 사람들이 많아요. 예술이 가진 힘을 다시 한번 느끼게 됐어요."

예술가에게는 결과보다 창작 과정과 감정을 인정해주는 피드백이 더욱 가치가 높습니다.

공공 서비스 및 행정 종사자를 위한 맞춤형 인정법

공공기관과 행정 업무 담당자들은 보이지 않는 곳에서 사회를 운영하는 중요한 역할을 합니다. 그들의 헌신과 노력이 종종 당연하게 여겨지지만, 이러한 보이지 않는 기여를 인정하는 것이 중요합니다.

시민을 위한 기여를 강조한 인정

공공 서비스 종사자들은 시민들의 편의를 위해 일하는 만큼, 그들의 기여가 실질적인 변화를 만들었음을 강조하면 더욱 의미 있는 인정이 됩니다.

예시 표현: *"덕분에 주민들이 더 편리하게 서비스를 이용할 수 있었습니다. 정말 중요한 역할을 해주셨어요."*

보이지 않는 노력도 인정하기

행정 업무는 주목받기 어려운 경우가 많기 때문에, 보이지 않는 기여를 인정하는 것이 중요합니다.

예시 표현: *"이제야 알았어요. 이 서류들이 원활하게 처리되는 게 다 선생님 덕분이었네요."*

꾸준한 책임감과 헌신에 대한 인정

공공 업무는 지속적인 헌신이 필요한 분야이므로, 오랜 기간 맡은 역할을 변함없이 수행하는 점을 인정하면 담당자의 동기부여에 도움이 될 수 있습니다.

예시 표현: "변함없이 맡은 역할을 책임감 있게 해주셔서 감사합니다. 덕분에 많은 분들이 도움을 받고 있어요."

공공 서비스 종사자는 직접적인 칭찬을 받을 기회가 적기 때문에, 그들의 역할을 인정하는 표현이 더욱 중요합니다.

기술 및 엔지니어링 직군을 위한 맞춤형 인정법

기술자와 엔지니어는 문제 해결 능력과 장기적인 기여를 인정받을 때 동기부여가 됩니다. 이들의 성과는 눈에 띄기보다는 시스템과 프로세스의 개선으로 나타나는 경우가 많으므로, 구체적인 기여와 영향력을 강조하는 것이 효과적입니다.

창의적인 문제 해결 능력 강조하기

기술 및 엔지니어링 분야에서는 복잡한 문제를 해결하는 능력이 중요한 만큼, 이를 구체적으로 인정하면 긍정적인 피드백이 될 수 있습니다.

예시 표현: "이 복잡한 오류를 빠르게 해결해줘서 정말 고마워요. 덕분에 프로젝트가 잘 진행될 수 있었어요."

장기적인 기여 인정하기

기술자와 엔지니어는 단기적인 성과보다는 지속적인 노력과 개선을 통해 성과를 만들어가는 경우가 많습니다. 이들의 오랜 기여를 인정하면 동기부여 효과가 큽니다.

예시 표현: "이 프로젝트가 성공할 수 있었던 건 오랜 시간 동안 세부 사항까

지 신경 써준 당신 덕분이에요.”

기술적 성과의 중요성 강조하기

엔지니어링 직군은 직접적인 고객 피드백을 받기 어려운 경우가 많기 때문에, 그들의 기술이 조직과 업무에 미친 긍정적인 변화를 언급하면 인정의 효과가 더욱 커집니다.

예시 표현: *“당신이 개발한 시스템 덕분에 업무 효율이 정말 많이 향상되었어요. 큰 기여를 해주셔서 감사합니다.”*

기술 직군은 결과 중심의 피드백을 선호하며, 문제 해결 능력을 인정받을 때 성취감을 느낍니다.

서비스업 종사자를 위한 맞춤형 인정법

서비스업 종사자들은 고객 응대와 감정 노동이 중요한 직군이므로, 이에 대한 공감과 인정이 필요합니다. 단순한 칭찬보다 이들의 노력과 고객 경험에 미친 영향을 구체적으로 언급하면 더욱 효과적입니다.

감정 노동에 대한 공감과 인정

고객 응대 과정에서의 감정적 노력을 이해하고, 이를 인정하는 표현이 중요합니다.

예시 표현: *“오늘 손님을 맞이하는 인사와 친절한 응대 덕분에 가게 분위기가 훨씬 따뜻했어요.”*

고객 경험과 연결된 인정

서비스업 종사자의 역할이 고객 만족으로 이어졌음을 강조하면, 그들의 기여가 더욱 의미 있게 느껴질 수 있습니다.

예시 표현: *"손님들이 오늘 매장을 정말 만족스럽게 이용하고 가셨더군요. 다 당신 덕분이에요."*

지속적인 서비스 태도에 대한 인정

매일 반복되는 업무 속에서도 꾸준히 최선을 다하는 태도를 인정하면, 종사자의 동기부여에 큰 도움이 됩니다.

예시 표현: *"매일 같은 업무를 하면서도 항상 친절한 태도를 유지하는 게 쉽지 않을 텐데, 대단하다고 생각해요."*

서비스업 종사자들은 고객과의 상호작용에서 보람을 느끼므로, 그들의 친절함과 긍정적인 태도를 구체적으로 인정하는 것이 효과적입니다.

직업별 맞춤형 인정법이 중요한 이유

각 직군의 특성을 고려한 맞춤형 인정법을 활용하면, 종사자들이 자신의 가치를 더욱 실감할 수 있습니다. 적절한 인정과 피드백은 직업 만족도를 높여주고, 동기부여와 업무 효율성을 향상하는 데 도움을 줍니다. 보이지 않는 노력과 감정 노동까지 포함하여 인정하는 것이 진정한 존중의 표현입니다. 결국, 각 직업군의 특성을 반영한 맞춤형 인정법을 실천할 때, 우리는 더 긍정적인 사회적 관계와 직업 만족도를 형성할 수 있습니다.

직업군별 맞춤형 인정법

직업군	효과적인 인정 방식
교사	학생의 성장과 교육 과정에 대한 인정
의료진	환자의 회복과 감정 노동을 고려한 감사 표현
예술가	창의성과 작품 제작 과정에 대한 존중
공공 서비스 종사자	보이지 않는 노력과 시민 기여 강조
엔지니어 및 기술직	문제 해결 능력과 장기적인 기여 인정
서비스업 종사자	감정 노동과 고객 경험을 연결한 인정

각 직업군은 고유한 역할과 기여를 가지고 있으며, 이들이 의미를 느낄 수 있도록 인정하는 방식도 다릅니다. 각 직업군에 맞춘 인정법을 실천하면, 종사자들의 동기부여와 직무 만족도가 더욱 향상될 것입니다.

특정 직업군을 위한 인정법

각 분야의 기여를 존중하는 방법

교사: 교육 과정과 학생 성장에 대한 인정은 자부심과 동기부여를 높인다.

의료진: 환자 회복과 감정 노동을 연결한 즉각적 피드백이 큰 보람을 준다.

예술가: 창작 과정과 개성을 존중하면 창의성과 작업 의욕이 강화된다.

공공 서비스 종사자: 보이지 않는 노력과 시민 기여를 인정하면 책임감과 만족도가 높아진다.

기술·엔지니어링 직군: 문제 해결과 장기적 기여를 강조하면 성취감과 업무 몰입도가 향상된다.

서비스업 종사자: 감정 노동과 고객 경험을 구체적으로 인정하면 친절 유지와 업무 만족도가 높아진다.

맺으며

작은 한마디로 태도를 바꾸는 비밀

당신의 한마디가
누군가의 인생을 바꾼다

당신이 오늘부터 실천할 수 있는 한마디

우리가 신경써서 하는 작은 말 한마디가 직장, 가정, 친구 관계, 협업 환경에서 커다란 변화를 가져올 수 있습니다. 진심 어린 인정과 감사를 표현하면, 신뢰가 쌓이게 되고 관계를 더욱 긍정적으로 변화시킬 수 있습니다. 지금부터 즉시 실천할 수 있는 인정과 감사의 표현을 살펴보겠습니다.

직장에서 건네는 인정의 말

동료들의 노력을 칭찬하고, 협업의 가치를 강조하세요.

"오늘 네 덕분에 업무가 훨씬 수월했어. 정말 고마워!"

"네 발표 정말 인상 깊었어. 특히 준비가 철저했던 점이 대단했어."

"이번 프로젝트에서 네가 추가한 아이디어 덕분에 방향이 확실해졌어."

"항상 팀 분위기를 밝게 만들어줘서 감사해. 덕분에 일할 때 더 즐거워."

"네가 준비한 자료가 오늘 회의에서 정말 큰 역할을 했어."

"오늘 보여준 열정과 집중력, 정말 인상적이었어!"

• 직장에서 실천 TIP

칭찬할 때는 구체적인 행동을 언급하세요. 즉각적인 피드백이 더욱 효과적이며 단순한 칭찬이 아니라 기여도를 강조하는 표현이 더 의미 있게 다가올 수 있습니다.

가정에서 따뜻한 인정의 말

가족에게 일상적인 노력을 인정하는 표현을 자주 건네세요.

"항상 내 이야기를 잘 들어줘서 고마워. 네 덕분에 정말 큰 힘이 돼."

"오늘도 수고했어. 네 노력 덕분에 다들 편안했어."

"요즘 많이 힘들지? 그래도 정말 잘하고 있어. 내가 항상 응원해."

"그때 네가 보여준 작은 배려가 아직도 기억에 남아. 정말 고마웠어."

"네가 곁에 있어줘서 이 시간이 훨씬 소중하게 느껴져."

● 가정에서 실천 TIP

무심코 지나칠 수 있는 노력을 알아봐 주세요. 상대방이 당연하게 여길 만한 부분까지 인정하면 더욱 감동을 받을 수 있습니다. 칭찬뿐만 아니라 정서적 지지도 포함하세요.

친구 관계에서 신뢰를 높이는 한마디

강점을 인정하고, 서로를 소중하게 여기는 표현을 해보세요.

"너의 열정과 에너지가 항상 나를 자극해. 정말 멋져!"

"이번에 네가 보여준 세심함 덕분에 일이 더 완벽해진 것 같아. 고마워."

"네가 모든 사람을 배려하려는 모습이 늘 감탄스러워."

"항상 주변 사람들에게 따뜻하게 대하는 네 모습이 인상적이야."

"네 진솔한 대화 덕분에 오늘 정말 많은 걸 배웠어."

● 친구 관계에서 실천 TIP

단순한 칭찬보다는 친구의 가치를 강조하세요. 특정한 상황을 떠올리게 하는 말이 더 효과적입니다. 친구의 성장과 장점을 인정하면 더욱 깊은 신뢰가 쌓이게 됩니다.

협력과 성장을 위한 상황에서

사람들의 노력을 인정하고, 지속적인 동기부여를 해보세요.

"오늘 네가 해결책을 제시한 덕분에 문제를 빠르게 해결할 수 있었어."

"항상 긍정적인 에너지를 보여줘서 나까지 힘이 났어."

"네가 지금까지 보여준 모든 노력과 열정에 정말 감사해."

"이번에 보여준 세심함과 열정이 우리 팀의 성공에 큰 역할을 했어."

● 협력과 성장 상황에서 실천 TIP

기여도를 강조하면 상대방이 더 큰 동기부여를 느낄 수 있습니다. 단순한 칭찬보다는 문제 해결 능력, 창의성, 협업 자세를 구체적으로 언급하세요.

진정으로 인정해주는 작은 말 한마디는 태도를 바꾸어 줄 수 있습니다.

태도를 변화시키는 진정한 공감의 기술

인정을 해줬을 뿐인데 사람이 달라졌다

초판 1쇄 발행   2025년 4월 30일

지은이   제이한 (J. Han)

발행인   박용범

펴낸곳   리프레시

출판등록   제 2015-000024호 (2015년 11월 19일)

주소   경기 의정부시 서광로 135, 405호

전화   031-876-9574

팩스   031-879-9574

이메일   mydtp@naver.com

편집책임   박용범

디자인   리프레시 디자인팀

마케팅   JH커뮤니케이션

ISBN 979-11-979516-8-8(13190)